错例与规范

出版物校审实务手册

凤凰传媒编委会　编

译林出版社

· 南京 ·

图书在版编目（CIP）数据

错例与规范：出版物校审实务手册 / 凤凰传媒编委会编．—南京：译林出版社，2025.8
ISBN 978-7-5447-8673-7

Ⅰ.①错… Ⅱ.①凤… Ⅲ.①出版物－编辑工作－手册 Ⅳ.①G237-62

中国国家版本馆 CIP 数据核字（2023）第 241213 号

错例与规范：出版物校审实务手册
CUOLI YU GUIFAN: CHUBANWU JIAOSHEN SHIWU SHOUCE
凤凰传媒编委会／编

项目统筹　胡兴曼
责任编辑　何本国
设计统筹　韦　枫　胡　苨
封面设计　陆　莹
校　　对　王　敏　戴小娥
责任印制　颜　亮

出版发行　译林出版社
地　　址　南京市湖南路 1 号 A 楼
邮　　箱　yilin@yilin.com
网　　址　www.yilin.com
市场热线　025-86633278
排　　版　江苏凤凰制版有限公司
印　　刷　江苏凤凰新华印务集团有限公司
开　　本　718 毫米 × 1000 毫米　1/16
印　　张　14
版　　次　2025 年 8 月第 1 版
印　　次　2025 年 8 月第 1 次印刷
书　　号　ISBN 978-7-5447-8673-7
定　　价　59.80 元

序

作为曾经的出版社社长，以及凤凰出版传媒集团负责内容生产的现任总编辑，日常工作中我最怕两件事。一件是国家新闻出版署一年一度公布编校质量检查结果。如果我们没有“中枪”，我便会站起来，在办公室慢慢踱步，心头如释重负，但从不会欢呼雀跃，因为一方面同情“上榜”的同行，另一方面我觉得未上榜是侥幸，有一定的偶然性。最怕的另一件事便是网上突然爆发各种离奇古怪的舆情，有些是合理的，大部分是难以理喻的。

出版的高质量发展，对出版全产业链的发展提出了全方位的要求，但内容质量是本，编校质量又是本中之本。编校质量低，内容水平高，会使高水平的读者觉得不堪卒读，低水平的读者望而却步。编校管理体系建设和编校能力的提高，是任何一个出版单位“永远在路上”的艰巨任务。

凤凰传媒编委会高度重视旗下各出版单位编校人员的培养和编辑水平的提升，并形成了凤凰编辑校对质量管控体系，从人员培训、制度建设、检查监督、评优惩劣等各方面进行推动。而我任总编辑后，最发狠心、最令各出版单位闻之色变的一条做法就是，一旦出现重大编校问题，相应出版社总编辑须在集团编委会上作检查；同时，我们在编委会成立了专门的编校质量提升工作小组，有专职人员负责，并启动了两期“凤凰传媒出版物质量提升三年行动方案”。

尽管如此，我从不敢说我们已经解决了编校问题、克服了这一顽疾，我想任何一位社长和总编辑都不敢这么说。我们总是在高度重视、高度管控的氛围下不断学习、不断提高。

本书正是因此而编。三年前，我希望将凤凰传媒各出版单位多年来自查发现的各种编校质量问题编辑成册，成为新编辑的工具书，一本接一本地永远编下去。如果能对全国的编辑校对人员有益，并且能带来收入和效益，那将是我的意外之喜。本书有没有编校问题，我不能保证，但我希望这是一本优秀图书，尽管要做到这一点并不容易：所有图书的前言或序言中都常见“作者和编辑能力有限，本书错误在所难免”，这完全不是一句客套话，而是对出版规律的深刻认识。

凤凰传媒总编辑　徐海

2024 年 9 月 10 日

目　录

规范篇

专家解读

错例篇

规范篇

图书质量管理规定*

（2004 年 12 月 24 日新闻出版总署令第 26 号公布，2005 年 3 月 1 日起施行）

第一条 为建立健全图书质量管理机制，规范图书出版秩序，促进图书出版业的繁荣和发展，保护消费者的合法权益，根据《中华人民共和国产品质量法》和国务院《出版管理条例》，制定本规定。

第二条 本规定适用于依法设立的图书出版单位出版的图书的质量管理。

出版时间超过十年且无再版或者重印的图书，不适用本规定。

第三条 图书质量包括内容、编校、设计、印制四项，分为合格、不合格两个等级。

内容、编校、设计、印制四项均合格的图书，其质量属合格。内容、编校、设计、印制四项中有一项不合格的图书，其质量属不合格。

第四条 符合《出版管理条例》第二十六、二十七条** 规定的图书，其内容质量属合格。

不符合《出版管理条例》第二十六、二十七条规定的图书，其内容质量属不合格。

第五条 差错率不超过万分之一的图书，其编校质量属合格。

差错率超过万分之一的图书，其编校质量属不合格。

---

* 本规定及本书收录的其他规范性文件中，数字、标点符号等用法所遵循的原则相互之间或有不同，为保持原貌，未作改动。——除特别说明，均为编注，下同

**《出版管理条例》2024 年修订版中为第二十五、二十六条。下同。

图书编校质量差错的判定以国家正式颁布的法律法规、国家标准和相关行业制定的行业标准为依据。图书编校质量差错率的计算按照本规定附件《图书编校质量差错率计算方法》* 执行。

第六条 图书的整体设计和封面（包括封一、封二、封三、封底、勒口、护封、封套、书脊）、扉页、插图等设计均符合国家有关技术标准和规定，其设计质量属合格。

图书的整体设计和封面（包括封一、封二、封三、封底、勒口、护封、封套、书脊）、扉页、插图等设计中有一项不符合国家有关技术标准和规定的，其设计质量属不合格。

第七条 符合中华人民共和国出版行业标准《印刷产品质量评价和分等导则》（CY/T 2—1999）规定的图书，其印制质量属合格。

不符合中华人民共和国出版行业标准《印刷产品质量评价和分等导则》（CY/T 2—1999）规定的图书，其印制质量属不合格。

第八条 新闻出版总署负责全国图书质量管理工作，依照本规定实施图书质量检查，并向社会及时公布检查结果。

第九条 各省、自治区、直辖市新闻出版行政部门负责本行政区域内的图书质量管理工作，依照本规定实施图书质量检查，并向社会及时公布检查结果。

第十条 图书出版单位的主办单位和主管机关应当履行其主办、主管职能，尽其责任，协助新闻出版行政部门实施图书质量管理，对不合格图书提出处理意见。

第十一条 图书出版单位应当设立图书质量管理机构，制定图书质量管理制度，保证图书质量合格。

---

* 更为细化的行标《图书编校质量差错判定和计算方法》（CY/T 266—2023）已发布（见后文），本附件不再收录。

第十二条 新闻出版行政部门对图书质量实施的检查包括：图书的正文、封面（包括封一、封二、封三、封底、勒口、护封、封套、书脊）、扉页、版权页、前言（或序）、后记（或跋）、目录、插图及其文字说明等。正文部分的抽查必须内容（或页码）连续且不少于10万字，全书字数不足10万字的必须检查全书。

第十三条 新闻出版行政部门实施图书质量检查，须将审读记录和检查结果书面通知出版单位。出版单位如有异议，可以在接到通知后15日内提出申辩意见，请求复检。对复检结论仍有异议的，可以向上一级新闻出版行政部门请求裁定。

第十四条 对在图书质量检查中被认定为成绩突出的出版单位和个人，新闻出版行政部门给予表扬或者奖励。

第十五条 对图书内容违反《出版管理条例》第二十六、二十七条规定的，根据《出版管理条例》第五十六条[*]实施处罚。

第十六条 对出版编校质量不合格图书的出版单位，由省级以上新闻出版行政部门予以警告，可以根据情节并处3万元以下罚款。

第十七条 经检查属编校质量不合格的图书，差错率在万分之一以上万分之五以下的，出版单位必须自检查结果公布之日起30天内全部收回，改正重印后可以继续发行；差错率在万分之五以上的，出版单位必须自检查结果公布之日起30天内全部收回。

出版单位违反本规定继续发行编校质量不合格图书的，由省级以上新闻出版行政部门按照《中华人民共和国产品质量法》第五十条的规定处理。

第十八条 对于印制质量不合格的图书，出版单位必须及时予以收回、调换。

*《出版管理条例》2024年修订版中为第六十二条。

出版单位违反本规定继续发行印制质量不合格图书的，由省级以上新闻出版行政部门按照《中华人民共和国产品质量法》第五十条的规定处理。

第十九条 一年内造成三种以上图书不合格或者连续两年造成图书不合格的直接责任者，由省、自治区、直辖市新闻出版行政部门注销其出版专业技术人员职业资格，三年之内不得从事出版编辑工作。

第二十条 本规定自 2005 年 3 月 1 日起实施。新闻出版署于 1997 年 3 月 3 日公布的《图书质量管理规定》同时停止执行。

图书编校质量差错判定和计算方法

（国家新闻出版署 2023 年 6 月 16 日发布，2023 年 8 月 1 日实施）

1　范围

本文件规定了图书编校质量检查工作中检查字数的计算方法、编校差错的判定和计错方法及编校差错率的计算方法。

本文件适用于图书编校质量的检查，非连续性内部资料性出版物参照使用，电子图书参考使用。

本文件不适用于地图图书和图书中地图图片部分的质量检查。

2　规范性引用文件

下列文件中的内容通过文中的规范性引用而构成本文件必不可少的条款。其中，注日期的引用文件，仅该日期对应的版本适用于本文件；不注日期的引用文件，其最新版本（包括所有的修改单）适用于本文件。

GB 3100　国际单位制及其应用

GB/T 3101　有关量、单位和符号的一般原则

GB/T 3102.1　空间和时间的量和单位

GB/T 3102.2　周期及其有关现象的量和单位

GB/T 3102.3　力学的量和单位

GB/T 3102.4　热学的量和单位

GB/T 3102.5　电学和磁学的量和单位

GB/T 3102.6　光及有关电磁辐射的量和单位

GB/T 3102.7　声学的量和单位

GB/T 3102.8　物理化学和分子物理学的量和单位

GB/T 3102.9　原子物理学和核物理学的量和单位

GB/T 3102.10　核反应和电离辐射的量和单位

GB/T 3102.11　物理科学和技术中使用的数学符号

GB/T 3102.12　特征数

GB/T 3102.13　固体物理学的量和单位

GB/T 15834　标点符号用法

GB/T 15835　出版物上数字用法

GB/T 16159　汉语拼音正词法基本规则

CY/T 119—2015　学术出版规范 科学技术名词

3　术语和定义

下列术语和定义适用于本文件。

3.1　图书　book

用文字或图片、符号记录知识于纸张等载体，并具有相当篇幅的非连续性出版物。

［来源：CY/T 50—2008，2.57，有修改］

3.2　编校质量　editing and proofreading quality

文字、图片、符号、格式等方面呈现的编辑和校订满足要求的程度。

3.3　编校差错　editing and proofreading error

文字、图片、符号、格式等方面存在的不符合法律法规、国家标准、相关行业标准，或逻辑性、知识性等的错误。

3.4 编校差错率 editing and proofreading error rate

编校差错数占总字数的比率。

注：编校差错率是评价编校质量是否符合要求的指标，在实际操作中通常以抽查部分的编校差错率代表整体的编校差错率。

4 检查字数计算方法

4.1 通则

4.1.1 图书检查字数的计算，应以检查的版面字数为准，即：检查字数 = 每行字数 × 每面行数 × 检查面数。

4.1.2 封一、封二、封三、封四、护封、封套、腰封和扉页，除空白面不计外，每面应按正文满版字数的 50% 计算；书脊、有文字的勒口，应按正文满版字数计算。

4.1.3 版权页、前言、目录、后记等辅文，每面应按正文满版字数计算。空白面不计。

4.1.4 凡连续编排页码的正文，不论是否排字或排有插图、表格，均应按一面满版字数计算。

4.1.5 插页部分应按实际版面字数计算；不易直接计算的，应折合为正文开本面数，再按正文版面字数计算。

4.1.6 书眉（或中缝）和单排的页码、边码应各算一行（列）计入正文行（列）数，一并计算。

4.1.7 分栏排版的图书，各栏之间的空白也应计入版面字数。

4.1.8 参考文献、索引、附录等字号有变化时，应分别按实际版面字数计算。

4.1.9 用小号字排版的脚注文字，单面满 5 行不足 10 行的，该面应按正文满版字数加 15% 计算；满 10 行的，该面应按注文满版计算。

4.1.10　用小号字排版的夹注文字，应采用折合行数的方法，比照脚注文字进行计算。

4.1.11　外文图书、少数民族文字图书，图书的外文部分、少数民族文字部分和拼音部分，应以对应字号的汉字字数加 30% 计算。

4.2　图书辅文部分图片页和以图片为主的图书的字数计算

4.2.1　有文字说明的版面，应按满版字数的 50% 计算。

4.2.2　没有文字说明的版面，应按满版字数的 20% 计算。

4.2.3　无法计算版面字数的，可以一个印张 1 万字为基数，参照 4.2.1、4.2.2 计算。

4.3　曲谱类图书的字数计算

4.3.1　文字与曲谱混排图书，应按满版字数计算。

4.3.2　纯曲谱图书，每面曲谱行数在 11 行及以下的，可以一个印张 1.7 万字为基数计算字数；每面曲谱行数超过 11 行的，每多 1 ～ 5 行，可按一个印张增加 0.85 万字计算字数。

5　编校差错判定和计错方法

5.1　文字、图片差错

5.1.1　一本图书中，同一错别字重复出现，每面计 1 次，最多计 4 次；阿拉伯数字与汉字数字混用差错，每面计 1 次，最多计 10 次；除错别字和阿拉伯数字与汉字数字混用差错外，其他同一文字、图片差错重复出现，每面计 1 次，最多计 3 次。书眉（或中缝）中同一文字、图片差错重复出现，按一面上差错数加 1 倍计算。

5.1.2　封一、扉页上的文字、图片差错，以对应的计错数加 1 倍计算；相关文字不一致，有一项计 1 个差错。

5.1.3　文字、图片差错类型的判定和计错应符合表 1 的相关要求。

表 1　文字、图片差错类型的判定和计错方法

<table>
<tr><th>序号</th><th>类型</th><th>描述</th><th>计错方法</th></tr>
<tr><td>1–1</td><td>错字、别字</td><td>—</td><td>每处计 1 个差错</td></tr>
<tr><td>1–2</td><td>多字、漏字</td><td>—</td><td>每处多、漏 1 个字，计 1 个差错；2 ～ 5 个字，计 2 个差错；5 个字以上，计 4 个差错</td></tr>
<tr><td>1–3</td><td>颠倒字</td><td>—</td><td>可以用一个校对符号改正的，每处计 1 个差错</td></tr>
<tr><td>1–4</td><td>不规范使用汉字</td><td>1. 繁简字混用，且未作说明
2. 不规范使用异体字、异形词
3. 不规范使用旧字形</td><td>每处计 0.5 个差错</td></tr>
<tr><td>1–5</td><td>词语差错</td><td>1. 错用词语或成语
2. 专有名词差错
3. 使用带有侮辱、低俗含义的网络词语
4. 不当使用谐音词
5. 不规范使用缩略语</td><td rowspan="4">每处计 1 个差错</td></tr>
<tr><td>1–6</td><td>计量单位中文名称差错</td><td>工具书的科技条目，科技类教材、教辅和其他科技图书，使用计量单位中文名称不符合 GB 3100、GB/T 3101、GB/T 3102.1 ～ GB/T 3102.10、GB/T 3102.13 或相关行业标准</td></tr>
<tr><td>1–7</td><td>科技名词差错</td><td>工具书、教材教辅、科技图书，使用科技术语不符合国家有关机构审定公布的规范词</td></tr>
<tr><td>1–8</td><td>相关文字不一致</td><td>1. 目录页码或标题与正文不一致
2. 索引、检字表等页码或词条与正文不对应
3. 图表中个别文字或数值信息与正文不一致
4. 书眉内容与正文不对应</td></tr>
<tr><td>1–9</td><td>不规范或不当表达引起的倾向性问题</td><td>1. 涉港澳台表达不规范
2. 涉民族、宗教表达不规范
3. 涉边疆地理表达不规范
4. 以未成年人为对象的图书中含有不利于未成年人健康成长的表述或图片</td><td>每处计 2 个差错</td></tr>
</table>

（续表）

<table>
<tr><th>序号</th><th>类型</th><th>描述</th><th>计错方法</th></tr>
<tr><td>1–10</td><td>知识性差错</td><td>1. 事实性、科学性、概念性差错
2. 法律、法规引用差错，文件摘录差错
3. 公式、运算、答案差错
4. 题目表述有误，且影响做题</td><td rowspan="3">每处计 2 个差错</td></tr>
<tr><td>1–11</td><td>逻辑性、语法性差错</td><td>1. 句式杂糅
2. 歧义、前后矛盾、不合事理
3. 语句不通、表意不明
4. 同一单元或同一份试卷中的试题完全重复
5. 答案无故缺失</td></tr>
<tr><td>1–12</td><td>图、表的内容与说明文字不符</td><td>1. 图、表所表达的主要内容与文字叙述内容不一致
2. 图注、表注与图表内容不一致</td></tr>
<tr><td>1–13</td><td>不当使用已废止的标准或陈旧资料</td><td>1. 不当使用已废止的法律法规、标准规范
2. 使用应该更新而未更新的数据
3. 使用旧名称，且没有相关说明</td><td>每处计 1 个差错，由于不当使用造成知识性错误的计 2 个差错</td></tr>
<tr><td>1–14</td><td>少数民族文字差错</td><td>1. 拼写、标调差错
2. 汉语音译转写错误</td><td rowspan="2">以一个字或单词为单位，无论其中几处有错，计 1 个差错</td></tr>
<tr><td>1–15</td><td>外文、国际音标差错</td><td>1. 拼写差错
2. 时态、单复数差错
3. 音符、重音差错</td></tr>
<tr><td>1–16</td><td>汉语拼音拼写、标调错误</td><td>不符合《汉语拼音方案》或 GB/T 16159 的规定</td><td>以一个对应的汉字或词组为单位，计 1 个差错</td></tr>
<tr><td>1–17</td><td>阿拉伯数字、罗马数字差错</td><td>年代、日期、时间、数值、比例差错</td><td>无论几位数，都计 1 个差错</td></tr>
<tr><td>1–18</td><td>阿拉伯数字与汉字数字混用</td><td>不符合 GB/T 15835 的规定</td><td>每处计 0.1 个差错</td></tr>
<tr><td>1–19</td><td>字母形式误用，相似字母、符号混用差错</td><td>1. 不同文种字形相似的字母混用
2. 字母与相似符号混用
3. 字母大小写、正斜体、黑白体误用</td><td rowspan="2">每处计 0.5 个差错</td></tr>
<tr><td>1–20</td><td>非常用字母词首次出现，未加注中文译名</td><td>1. 非学术类图书中首次使用工具书未收录的字母词，未加注中文译名
2. 学术类图书不符合 CY/T 119—2015 中 4.4 的规定</td></tr>
<tr><td colspan="4">注：差错描述为判断差错类型提供参考，包括但不限于表 1 给出的描述。</td></tr>
</table>

5.2 符号差错

5.2.1 一本图书中，同一标点符号差错重复出现，最多计 10 次；注码、序号标注差错全书超过 3 处，计 1 个差错；同一单位符号、科学符号、曲谱符号等符号差错重复出现，每面计 1 次，最多计 3 次。

5.2.2 符号差错类型的判定和计错应符合表 2 的相关要求。

表 2 符号差错类型的判定和计错方法

序号	类型	描述	计错方法
2–1	标点符号差错	1. 标点符号用法不符合 GB/T 15834 的规定 2. 标点符号多用、漏用 3. 小数点与间隔号互错，冒号与比号互错	每处计 0.1 个差错
2–2	注码、序号标注差错	注码、图序、表序、公式序标注差错	
2–3	单位符号、科学符号等符号差错	法定计量单位符号、科学技术各学科中科学符号的用法不符合 GB 3100、GB/T 3101、GB/T 3102（所有部分）的要求或相关行业标准	每处计 0.5 个差错
2–4	曲谱符号差错	1. 速度、力度、表情符号差错 2. 演奏、演唱技术与方法的符号差错 3. 反复号、声部分并、歌词分并符号差错 4. 音高差错 5. 时值差错 6. 休止差错	
注：差错描述为判断差错类型提供参考，包括但不限于表 2 给出的描述。			

5.3 格式差错

5.3.1 一本图书中，同一格式差错重复出现，最多计 10 次。

5.3.2 格式差错类型的判定和计错应符合表 3 的相关要求。

表 3 格式差错类型的判定和计错方法

序号	类型	描述	计错方法
3–1	空行、空格错误	1. 影响文意的不合版式要求的另页、另面、另段、另行、接排、空行，需要空行、空格而未空 2. 汉语拼音分连写错误，多空格或未空格	每处计 0.1 个差错

（续表）

<table>
<tr><th>序号</th><th>类型</th><th>描述</th><th>计错方法</th></tr>
<tr><td>3-2</td><td>转行错误</td><td>1. 阿拉伯数字、汉语拼音、外文缩写断开转行
2. 外文单词未按音节转行</td><td rowspan="4">每处计 0.1 个差错</td></tr>
<tr><td>3-3</td><td>编写体例差错</td><td>1. 字体错、字号错、文字颜色错，或字体、字号、颜色同时错
2. 参考文献、参考答案编写体例不一致
3. 多、漏表线
4. 曲谱中的谱表、连谱号、提示性符号的多、漏或错位
5. 编委会成员姓名顺序排错</td></tr>
<tr><td>3-4</td><td>排版格式差错</td><td>1. 同一章节几个同级标题的位置、转行格式不统一
2. 文字编排格式不一致</td></tr>
<tr><td rowspan="2">3-5</td><td rowspan="2">图、表、书眉、符号的位置差错</td><td>1. 书眉单双页位置互错
2. 曲谱符号的位置、顺序、方向错误
3. 行首、行末误用标点符号
4. 专名号、着重号错位</td></tr>
<tr><td>5. 图、表位置与文字描述不一致</td><td>每处计 1 个差错</td></tr>
<tr><td colspan="4">注：差错描述为判断差错类型提供参考，包括但不限于表 3 给出的描述。</td></tr>
</table>

6 编校差错率计算方法

6.1 编校差错率计算公式：编校差错率 = 编校差错数 ÷ 总字数。

6.2 编校差错率用万分比表示。

报纸期刊质量管理规定

（国家新闻出版署 2020 年 5 月 28 日印发）

第一条　为加强报纸、期刊质量管理，规范报纸、期刊出版秩序，促进报纸、期刊质量提升，根据《中华人民共和国产品质量法》、《出版管理条例》、《报纸出版管理规定》、《期刊出版管理规定》等法律法规，制定本规定。

第二条　本规定适用于经国家新闻出版主管部门批准，持有国内统一连续出版物号，领取报纸出版许可证和期刊出版许可证的报纸、期刊。

第三条　报纸、期刊质量包括内容质量、编校质量、出版形式质量、印制质量四项，分为合格和不合格两个等级。四项均合格的，其质量为合格；四项中有一项不合格的，其质量为不合格。

第四条　报纸、期刊内容符合《出版管理条例》第二十五条、第二十六条规定，并符合国家新闻出版主管部门批准的业务范围的，其内容质量为合格；不符合的，其内容质量为不合格。

第五条　报纸、期刊编校差错判定以相关法律法规、国家标准、行业标准及规范为依据。

报纸编校差错率不超过万分之三的，其编校质量为合格；差错率超过万分之三的，其编校质量为不合格。差错率的计算按照本规定附件《报纸编校差错率计算方法》执行。

期刊编校差错率不超过万分之二的，其编校质量为合格；差错率超过万分之二的，其编校质量为不合格。差错率的计算按照本规定附件《期刊编校差错率计算方法》执行。

第六条 报纸、期刊出版形式差错判定以相关法规规章、国家标准、行业标准及规范为依据。

报纸出版形式差错数不超过三个的，其出版形式质量为合格；差错数超过三个的，其出版形式质量为不合格。差错数的计算按照本规定附件《报纸出版形式差错数计算方法》执行。

期刊出版形式差错数不超过五个的，其出版形式质量为合格；差错数超过五个的，其出版形式质量为不合格。差错数的计算按照本规定附件《期刊出版形式差错数计算方法》执行。

第七条 报纸印制质量包括单份印制质量和批印制质量，期刊印制质量包括单册印制质量和批印制质量。报纸、期刊印制符合国家和行业现行标准及规定的，其印制质量为合格；不符合的，其印制质量为不合格。

第八条 国家新闻出版主管部门负责全国报纸、期刊质量管理工作，各省级新闻出版主管部门负责本行政区域内的报纸、期刊质量管理工作。各级新闻出版主管部门应当切实履行监管职责，实施报纸、期刊质量检查，并及时向社会公布检查结果。

第九条 报纸、期刊主管主办单位应当督促出版单位建立健全质量管理制度并监督落实，将报纸、期刊质量纳入出版单位社会效益评价考核，对质量不合格的报纸、期刊提出处理意见和整改措施。报纸、期刊出版单位应当落实“三审三校”等管理制度，加强业务培训，保证出版质量。

第十条 报纸、期刊质量检查采取抽样方式进行。报纸内容质量、编校质量、出版形式质量抽样检查的对象为报纸各版面及中缝、插页等所有内容。期刊内容质量、编校质量、出版形式质量抽样检查的对象为期刊正文、封一（含书脊）、封二、封三、封四、版权页、目次页、广告页、插页等所有内容。报纸、期刊印制质量检测样本抽取依据相关标准进行。

第十一条　新闻出版主管部门实施报纸、期刊质量检查，须将检查结果为不合格的报纸、期刊的具体情况书面通知出版单位或主办单位。出版单位、主办单位如有异议，须在接到通知后 15 日内提出复检申请；对复检结果仍有异议，须在接到通知后 7 日内向上一级新闻出版主管部门请求复核。

第十二条　报纸、期刊内容质量、编校质量、出版形式质量不合格的，由省级以上新闻出版主管部门依据《出版管理条例》、《报纸出版管理规定》、《期刊出版管理规定》等相关规定，责令改正，给予警告；情节严重的，责令限期停业整顿，或由原发证机关吊销出版许可证。

报纸、期刊出现严重质量问题的，出版单位应当采取收回、销毁等措施，消除负面影响。

第十三条　报纸、期刊印制质量不合格，出版单位应当及时收回、调换。出版单位违反本规定继续发行印制质量不合格报纸、期刊的，按照《中华人民共和国产品质量法》、《出版管理条例》等相关规定处理。

第十四条　省级以上新闻出版主管部门对报纸、期刊质量管理工作中成绩突出的单位和个人予以表扬或者奖励。

第十五条　本规定自印发之日起施行。

附件 1：报纸编校差错率计算方法

一、报纸编校差错率

报纸编校差错率，是指在报纸编校质量检查中，编校差错数占检查总字数的比率，用万分比表示。如检查总字数为2万，检查后发现2个差错，则其差错率为 1/10 000。

二、报纸检查总字数计算方法

报纸检查总字数为被检查所有内容的字数总和，一般包括版面字数、中缝字数、插页字数三部分。

1. 版面字数 = 版面行字数（通用字号）× 版面行数。

报眉、报尾、栏头、表格、分栏空白、插图说明等，均按所占版面字数计算。作品性图片（新闻摄影、艺术作品等）按版面字数的 80% 计算，装饰性图片按版面字数的 30% 计算。

2. 中缝字数按实际字数（行字数 × 行数）计算。

3. 插页字数参照版面字数计算。

4. 外文报纸、少数民族文字报纸及报纸的拼音部分，以对应字号的汉字字数加 30% 计算。

三、报纸编校差错计算方法

1. 重要信息差错

报头、报眉、栏头、标题中的文字差错，按正文同样错误计错标准的双倍计数。正文中重要名称、重要时间、重要图片等信息错误，按一般错误计错标准的双倍计数。

2. 文字差错

一期报纸中，同一文字差错重复出现，最多计 3 次差错。

（1）事实性、知识性、逻辑性、语法性错误，每处计 1 个差错。

（2）错字、别字、多字、漏字为 1 个字的，每处计 1 个差错；2—5 个字的，每处计 2 个差错；5 个字以上的，每处计 4 个差错。

前后颠倒字，可以用一个校对符号改正的，每处计 1 个差错。阿拉伯数字、罗马数字差错，无论几位数，都计 1 个差错。

（3）阿拉伯数字和汉字数字用法不符合《出版物上数字用法》国家标准，每处计 0.1 个差错，一期最多计 1 个差错。

（4）外文和国际音标以 1 个单词为单位，无论其中有几处差错，计 1 个差错。

（5）少数民族文字以 1 个字或词为单位，无论其中有几处差错，计 1 个差错。

（6）汉语拼音不符合《汉语拼音方案》和《汉语拼音正词法基本规则》等国家规定和标准，以 1 个对应的汉字或词组为单位，无论其中有几处差错，计 1 个差错。

（7）字母大小写和正斜体、黑白体误用，不同文种字母混用（如把英文字母 N 错为俄文字母 И），字母与其他符号混用（如把英文字母 O 错为阿拉伯数字 0），每处计 0.5 个差错。

（8）违反相关规定使用繁体字或不规范汉字，每处计 0.5 个差错。

（9）科技理论和科学普及类文章使用量和单位，其名称、符号、书写规则不符合《国际单位制及其应用》、《有关量、单位和符号的一般原则》、《空间和时间的量和单位》等相关标准，使用科技术语不符合全国科学技术名词审定委员会公布的规范词，每处计 0.5 个差错。一个组合单位符号，无论其中有几处差错，计 0.5 个差错。

（10）专有名词译法不符合相关规范，每处计 0.5 个差错。

（11）涉港、澳、台等用语不符合相关规定，每处计 1 个差错。

（12）使用网络用语、缩略语、口语不符合相关规定，每处计 0.5 个差错。

3. 标点符号和其他符号差错

使用标点符号应当符合《标点符号用法》国家标准，使用其他符号应当符合相关规范。同一标点符号差错重复出现，一面最多计 3 次差错，一期最多计 1 个差错。同一其他符号差错重复出现，一期最多计 3 次差错。

（1）标点符号错用、漏用、多用，每处计 0.1 个差错。

（2）标点符号误在行首、标号误在行末，每处计 0.1 个差错。

（3）外文复合词、外文单词按音节转行，漏排连接号，每处计 0.1 个差错。

（4）数学符号、科学符号、乐谱符号等符号差错，每处计 0.5 个差错。

（5）图序、表序、公式序、参考文献序等标注差错，每处计 0.1 个差错。

4. 格式及其他差错

（1）错误的另版计 2 个差错。不符合版式要求的另版、另段、另行、接排、空行、空格及需要空行、空格而未空等，每处计 0.1 个差错。

（2）字体错、字号错或字体字号同时错，每处计 0.1 个差错；同一面内的同一差错不重复计算，一期最多计 1 个差错。

（3）同一篇文章中几个同级标题的位置、转行格式、字体字号不统一，计 0.1 个差错；需要空格而未空格，每处计 0.1 个差错。

（4）阿拉伯数字、外文缩写词拆开转行，外文单词未按音节转行，每处计 0.1 个差错。

（5）图、表的位置错，每处计 0.5 个差错；图、表的内容与说明文字不符，每处计 1 个差错。

（6）参考文献著录项中的格式错误，每处计 0.1 个差错，一期最多计 1 个差错。

（7）除图表、公式、符号需特殊处理等情况外，非广告正文主体字号小于 6 号（不包括 6 号），一期计 2 个差错。

附件 2：期刊编校差错率计算方法

一、期刊编校差错率

期刊编校差错率，是指在期刊编校质量检查中，编校差错数占检查总字数的比率，用万分比表示。如检查总字数为 2 万，检查后发现 2 个差错，则其差错率为 1/10 000。

二、期刊检查总字数计算方法

期刊检查总字数为被检查的版面字数，即：检查总字数 = 每行字数（通用字号）× 每面行数 × 检查总面数。

1. 凡连续编排页码的正文、辅文，以及版权页、目次页、广告页、插页等，除空白面不计以外，均按一面满版计算字数。

2. 页眉和单排的页码、边码作为行数或每行字数计入正文，一并计算字数。

3. 脚注、参考文献、索引、附录等字号有变化时，分别按行数 × 每行字数计算。

4. 封一（含书脊）、封二、封三、封四，每面按正文满版字数的 50% 计算，空白面不计。

5. 正文中的插图、表格，按正文的版面字数计算。插图、表格占一面的，有文字说明的按满版字数的 50% 计算，没有文字说明的按满版字数的 20% 计算。

6. 以图片为主的期刊，有文字说明的版面，按满版字数的 50% 计算；没有文字说明的版面，按满版字数的 20% 计算。

7. 外文期刊、少数民族文字期刊及期刊的拼音部分，以对应字号的汉字字数加 30% 计算。

三、期刊编校差错计算方法

1. 重要信息差错

封一（含书脊）上的文字差错，按正文同样错误计错标准的双倍计数。正文中重要名称、重要时间、重要图片等信息错误，按一般错误计错标准的双倍计数。

2. 文字差错

一期期刊中，同一文字差错重复出现，最多计 3 次差错。

（1）事实性、知识性、逻辑性、语法性错误，每处计 1 个差错。

（2）错字、别字、多字、漏字为 1 个字的，每处计 1 个差错；2—5 个字的，每处计 2 个差错；5 个字以上的，每处计 4 个差错。

前后颠倒字，可以用一个校对符号改正的，每处计 1 个差错。阿拉伯数字、罗马数字差错，无论几位数，都计 1 个差错。

（3）阿拉伯数字和汉字数字用法不符合《出版物上数字用法》国家标准，每处计 0.1 个差错，一期最多计 1 个差错。

（4）外文和国际音标以 1 个单词为单位，无论其中有几处差错，计 1 个差错。

（5）少数民族文字以 1 个字或词为单位，无论其中有几处差错，计 1 个差错。

（6）汉语拼音不符合《汉语拼音方案》和《汉语拼音正词法基本规则》等国家规定和标准，以 1 个对应的汉字或词组为单位，无论其中有几处差错，计 1 个差错。

（7）字母大小写和正斜体、黑白体误用，不同文种字母混用（如把英文字母 N 错为俄文字母 И），字母与其他符号混用（如把英文字母 O 错为阿拉伯数字 0），每处计 0.5 个差错。

（8）违反相关规定使用繁体字或不规范汉字，每处计 0.5 个差错。

（9）科技理论和科学普及类文章使用量和单位，其名称、符号、书写规则不符合《国际单位制及其应用》、《有关量、单位和符号的一般原则》、《空间和时间的量和单位》等相关标准，使用科技术语不符合全国科学技术名词审定委员会公布的规范词，每处计 0.5 个差错。一个组合单位符号，无论其中有几处差错，计 0.5 个差错。

（10）专有名词译法不符合相关规范，每处计 0.5 个差错。

（11）涉港、澳、台等用语不符合相关规定，每处计 1 个差错。

（12）使用网络用语、缩略语、口语不符合相关规定，每处计 0.5 个差错。

3. 标点符号和其他符号差错

使用标点符号应当符合《标点符号用法》国家标准，使用其他符号应当符合相关规范。同一标点符号差错重复出现，一面最多计 3 次差错，一期最多计 1 个差错。同一其他符号差错重复出现，一期最多计 3 次差错。

（1）标点符号错用、漏用、多用，每处计 0.1 个差错。

（2）标点符号误在行首、标号误在行末，每处计 0.1 个差错。

（3）外文复合词、外文单词按音节转行，漏排连接号，每处计 0.1 个差错。

（4）数学符号、科学符号、乐谱符号等符号差错，每处计 0.5 个差错。

（5）图序、表序、公式序、参考文献序等标注差错，每处计 0.1 个差错。

4. 格式差错

（1）不符合版式要求的另版、另段、另行、接排、空行、空格及需要空行、空格而未空等，每处计 0.1 个差错。

（2）字体错、字号错或字体字号同时错，每处计 0.1 个差错；同一面内的同一差错不重复计算，一期最多计 1 个差错。

（3）同一篇文章中几个同级标题的位置、转行格式、字体字号不统一，计 0.1 个差错；需要空格而未空格，每处计 0.1 个差错。

（4）阿拉伯数字、外文缩写词拆开转行，外文单词未按音节转行，每处计 0.1 个差错。

（5）图、表的位置错，每处计 0.5 个差错；图、表的内容与说明文字不符，每处计 1 个差错。

（6）页眉单双页位置互错，每处计 0.1 个差错，一期最多计 1 个差错。

（7）目次页中文章标题、页码、作者信息等与正文不一致，每处计 1 个差错；同类差错重复出现，一期最多计 3 个差错。

（8）参考文献著录项中的格式错误，每处计 0.1 个差错，一期最多计 1 个差错。

5. 其他差错

（1）学术论文编写不符合国家和行业相关标准，每处计 0.5 个差错，一期最多计 2 个差错。

（2）除图表、公式、符号需特殊处理等情况外，非广告正文主体字号小于 6 号（不包括 6 号），一期计 2 个差错。

附件 3：报纸出版形式差错数计算方法

一、报纸出版形式基本要求

报纸应当在一版报头位置刊登报纸名称，报纸名称应当大于并明显于一版所有其他文字。外文报纸应当同时刊登中文名称，少数民族文字报纸应当同时刊登汉语名称。报纸出版增期、号外应当在一版报头注明“增期”、“号外”字样。

报纸应当在固定位置刊登出版日期、总期号、版数、国内统一连续出版物号（CN）、主要责任单位（主管单位、主办单位、出版单位）、出版单位地址及联系方式、印刷单位名称及地址、发行信息（包括发行方式、发行单位、邮发代号等）、定价（号外应当注明“免费赠阅”字样）等。报纸应当在各版面报眉位置标明版序，版序应当位置固定，排序清楚，便于查找。

报纸刊登广告应当在明显位置注明“广告”字样，不得以新闻形式刊登广告。

二、报纸出版形式差错计算方法

1. 报纸名称

（1）未在一版报头位置刊登报纸名称，计 4 个差错。

（2）刊登的报纸名称不是经国家新闻出版主管部门批准的名称，计 4 个差错。

（3）一版报头位置刊登的报纸名称未大于并明显于一版所有其他文字，计 4 个差错。

（4）外文报纸未刊登中文名称或外文名称与中文名称明显不一致，计 2 个差错。

（5）少数民族文字报纸未刊登汉语名称或少数民族文字名称与汉语

名称明显不一致，计 2 个差错。

2. 国内统一连续出版物号

（1）未刊登国内统一连续出版物号，计 4 个差错。

（2）刊登的国内统一连续出版物号不是经国家新闻出版主管部门批准的国内统一连续出版物号，计 4 个差错。

（3）刊登的国内统一连续出版物号不符合《中国标准连续出版物号》国家标准，计 2 个差错。

3. 主要责任单位

（1）未刊登主管单位、主办单位、出版单位，计 2 个差错。

（2）以合办、协办、承办等名义刊登非责任单位信息，计 2 个差错。

（3）未刊登出版单位地址及联系方式，计 1 个差错。

（4）刊登的主管单位、主办单位、出版单位不是经国家新闻出版主管部门批准的单位，计 4 个差错。

4. 印刷、发行信息

未刊登印刷单位名称及地址、未刊登发行信息，计 1 个差错。

5. 版权信息

（1）刊登非广告作品未注明作品名称、作者姓名等信息，每处计 1 个差错，一期最多计 2 个差错。

（2）刊登转载作品未注明作品名称、作者姓名、转载出处等信息，每处计 0.5 个差错，一期最多计 2 个差错。

6. 出版标识

（1）未在固定位置刊登报纸出版日期、总期号、版数，每项计 2 个差错。

（2）未按批准的刊期出版，计 2 个差错。

（3）未在报眉固定位置标明版序，计 2 个差错。版序漏失或编排混乱影响查阅，计 1 个差错。

（4）出版增期未在一版报头注明“增期”字样，计 2 个差错。

（5）出版号外未在一版报头注明“号外”字样，计 2 个差错。

（6）专版、专刊的刊头字样比报纸名称更明显，计 2 个差错。

（7）刊登广告未注明“广告”字样，每处计 1 个差错，一期最多计 2 个差错。

7. 定价

（1）未在固定位置刊登报纸定价，计 1 个差错。

（2）出版号外未注明“免费赠阅”字样，计 1 个差错。

8. 开版

（1）同一种报纸以不同开版出版，计 2 个差错。

（2）增期的开版与主报不一致，计 2 个差错。

9. 标识性文字

标识性文字使用夸大事实的宣传用语，如“世界排名第 × 名”、“全球发行量最大”、“中国唯一”、“获奖最多”等，每处计 1 个差错，一期最多计 2 个差错。

10. 装订形式

不符合散页形式要求，计 1 个差错。

附件 4：期刊出版形式差错数计算方法

一、期刊出版形式基本要求

期刊应当在封一明显位置刊登期刊名称和年、月、期、卷等顺序编号。期刊增刊应当注明“增刊”字样，期刊合订本应当注明“合订本”字样。外文期刊应当同时刊登中文刊名，少数民族文字期刊应当同时刊登汉语刊名。

期刊应当在封四或版权页上刊登期刊名称、主要责任单位（主管单位、主办单位、出版单位）、印刷单位、发行信息（包括发行方式、发行单位、邮发代号等）、出版日期、总编辑（主编）姓名、定价（或“免费赠阅”字样）、国内统一连续出版物号（CN）等。领取国际标准连续出版物号（ISSN）的期刊应当同时刊登国际标准连续出版物号，期刊增刊应当刊登增刊备案号。公开发行的期刊应当在封一或封四刊登期刊条码。

期刊刊登广告应当在明显位置注明“广告”字样，不得以新闻形式刊登广告。

二、期刊出版形式差错计算方法

1. 期刊名称

（1）未在封一明显位置刊登期刊名称，计 6 个差错。

（2）刊登的期刊名称不是经国家新闻出版主管部门批准的名称，计 6 个差错。

（3）封一刊登的期刊名称未大于并明显于其他标识性文字，计 6 个差错。

（4）外文期刊未刊登中文刊名或外文刊名与中文刊名明显不一致，计 2 个差错。

（5）少数民族文字期刊未刊登汉语刊名或少数民族文字刊名与汉语

刊名明显不一致，计 2 个差错。

（6）期刊名称在封一（含书脊）、版权页、封四等处未保持一致，计 2 个差错。

2. 国内统一连续出版物号和国际标准连续出版物号

（1）未刊登国内统一连续出版物号，计 6 个差错。

（2）刊登的国内统一连续出版物号不是经国家新闻出版主管部门批准的国内统一连续出版物号，计 6 个差错。

（3）刊登的国内统一连续出版物号不符合《中国标准连续出版物号》国家标准，计 2 个差错。

（4）已领取国际标准连续出版物号但未刊登，或刊登的国际标准连续出版物号与期刊名称不对应，计 2 个差错。

3. 主要责任单位

（1）未刊登主管单位、主办单位、出版单位，计 2 个差错。

（2）以合办、协办、承办等名义刊登非责任单位信息，计 2 个差错。

（3）未刊登出版单位地址及联系方式，计 1 个差错。

（4）刊登的主管单位、主办单位、出版单位不是经国家新闻出版主管部门批准的单位，计 6 个差错。

4. 期刊条码

期刊条码有下列情况的，每处计 1 个差错。

（1）未刊登条码。

（2）条码制作形式不符合要求，不能通过相关设备识读。

（3）条码信息与期刊名称、国内统一连续出版物号、国际标准连续出版物号、刊期及出版年份、月份不一致。

5. 印刷、发行信息

未刊登印刷单位、发行信息，计 1 个差错。

6. 总编辑（主编）姓名

未刊登总编辑（主编）姓名，计 1 个差错。

7. 版权信息

（1）刊登非广告作品未注明作品名称、作者姓名等信息，每处计 1 个差错，一期最多计 2 个差错。

（2）刊登转载作品未注明作品名称、作者姓名、转载出处等信息，每处计 0.5 个差错，一期最多计 2 个差错。

8. 出版标识

出版标识有下列情况的，每处计 1 个差错，一期最多计 2 个差错。

（1）未在封一明显位置刊登年、月、期、卷等顺序编号。

（2）未按批准的刊期出版。

（3）封一和版权页等处的年、月、期号标识有省略。

（4）采用卷号和（或）总期号标识的期刊，其卷号和（或）总期号随意更改、未连续编排或使用总期号、卷号代替年、月、期号。

（5）同一期刊每年出版的各期分别独立设置编号体系交叉出版。

（6）出版增刊未注明“增刊”字样、未刊登增刊备案号。

（7）出版合订本未注明“合订本”字样。

（8）刊登广告未注明“广告”字样。

9. 定价

未在固定位置刊登期刊定价（或注明“免费赠阅”字样），计 1 个差错。

10. 版权页

（1）未在期刊正文之前或封四上设立版权页，计 2 个差错。

（2）版权页刊登的项目（除期刊名称外）未与封一或封四保持一致，每处计 1 个差错，一期最多计 3 个差错。

11. 标识性文字

标识性文字使用夸大事实的宣传用语，如“世界排名第 × 名”、“全球发行量最大”、“中国唯一”、“获奖最多”等，每处计 1 个差错，一期最多计 2 个差错。

编辑与出版学术语释义*

A

按需出版

先期完成内容的编辑加工，在用户提出订单需求后才提供作品的印刷发行或网络下载的一种出版方式，常与按需印刷这一数字出版环节紧密相关。

暗码

又称“空码”。书刊中没有排印出但仍占页码数的页码。

B

百科全书

以条目为单元，系统概述各种知识或某一方面完备知识的大型工具书。

版本

由同一出版者出版的内容相同的复制品所有式样的总称。

---

* 本部分所收词条由全国科学技术名词审定委员会提供并授权使用。

版本记录页

又称“版权页”。提供图书的版权说明、图书在版编目数据和版本记录的书页。一般放在扉页的背面。

版次

① 图书版本的次序。② 给报纸版面排出的先后顺序。

版口

版心左右上下的极限，某种意义上也即版心。版心以版面面积计算范围，版口以左右上下周边计算范围。

版面

印刷成品幅面中，图文和空白部分的总和。

版式

① 在页面中图文的编排要求，包括空间位置和尺寸，是印刷和复制的依据。② 音像、电子出版物显示界面设计，用以表示屏幕显示的各组成部分之间的关系和结构。

版心

印刷产品幅面中规定的印刷区域。

半角

用作排版宽度的计量单位，宽度等于所使用的文字全角磅数的一半。

报道

记者借助传播工具向受众报告新闻或对新闻进行评述的一种新闻体裁和工作形式。

报耳

俗称“报眼”。报头旁边的一小块版面，内容安排一般没有定规，可刊登新闻或广告。

报眉

一般在报头的下方、头条的上方，用于刊登报纸创刊日期、总的印行期数、当日报纸的版数、出版日期、刊号等。

报社

经批准有报纸出版发行资格的出版单位。

报头

报纸首页上载明报纸名称、出版日期、出版单位等内容的版面。

报纸

以新闻为主要内容的散页定期的连续出版物。

背题

标题处在一块版面的末行，标题下无正文，即标题脱离正文。为排版禁忌。

本校

通过同一书稿前后、左右的比对和互证来发现问题，订正讹误的校对方式。

笔名

作者发表作品时使用的别名。

编辑

① 又称“编辑活动”。对资料或已有的作品进行选择、整理、加工的社会文化活动。出版活动的环节之一。② 又称“编辑人员”。对资料或已有的作品进行选择、整理、加工活动的专业人员的职业称谓。③ 出版和新闻专业技术职务中某一类别的中级专业技术职务名称。

编辑功能

编辑活动所具有的功能，包括对作品的把关、规范和价值提升等。

编辑加工

对已决定采用的稿件进行全面审核并作修改润饰和规范化整理的编辑活动。

编辑委员会

简称“编委会”。① 主持编纂特定作品或特定出版物的组织。② 出版单位内制定编辑方针、组织实施编辑出版业务的决策机构。

编辑学

研究编辑活动性质、任务、作用及其客观规律的学科。

编校分离

出版过程中，编辑人员负责初审、编辑加工和清样的审读，校对人员负责三次校对和通读的编辑模式。

编审

出版专业技术职务中编辑类别的最高专业技术职务名称。

编写

依据已有的素材资料和研究成果，进行加工整理，形成作品的著作活动。

编写体例

出版单位提供给作者，要求撰稿时遵守的规范性文件。

编者

书稿的编选者。有时也作编辑工作者的代称。

编者按

简称“按”。全称“编者按语”。又称“编者的话”。以编者身份发表的评论性或说明性辅文。

编者注

编者就某一事项或内容加以注释说明的辅文。

编著

又称“编撰”。对现成素材进行研究、加工整理，形成具有一定创造性作品的著作活动。

编纂

编辑资料众多、篇幅浩大的出版物（如百科全书、年鉴、词典等）的著作活动。

标点符号

书面语中用来表示语气、停顿及词语性质和作用的标记。

标题

又称“题名”。标明文章、作品等内容的词组、短语或短句。可分为主题名、并列题名、副题名等。

表格

运用线条把事项分类排列，提示事项相互关系的记录方式。

C

参考文献

在书籍、论文的正文之后或各部分之后一一列出所参考或引用文献的辅文。

策划编辑

编辑部门负责开发出版资源、设计选题的编辑人员的职务名称。

插图

插在书、报、刊文字中间表示和说明其内容的图画。

插页

① 书刊装订中加进的另行印制的书页。② 将一个书帖套入另一个书帖中，或将补充部分，如广告、不规则的折叠页插入已订联的书芯内的工艺。

晨报

每天凌晨印刷出版的报纸。

衬页

在书籍封二和扉页之间，或封三和正文末页之间加放的空白页。

出版

全称“出版活动”。对作品进行选择、编辑、复制，向公众传播的专业活动。

出版单位

从事出版活动的专业机构，主要有出版社、报社、杂志社等。

出版导向

政府以规划、政策与评奖、基金补助等形式引导出版业发展的方向。例如，弘扬主旋律，提倡多样化，将社会效益放在首位，实现社会效益与经济效益相结合等。

出版管理

出版行政部门依据法规政策，规划、组织、监督和调节出版活动的社会管理活动。

出版家

长期从事出版活动并取得成就的出版人。

出版流程

出版物生产的过程。包括选题策划、组稿、审稿、加工、印制、发行等环节。

出版伦理

出版人员在出版活动中必须遵守的道德要求和行事准则。

出版社

出版图书或音像制品或电子出版物的出版单位。

出版说明

又称“编辑说明”。以出版者的名义，从编辑角度向读者说明的辅文。

出版文化

以出版价值观为基础形成的出版制度、出版社会组织、出版物及其社会影响的总和。

出版物

以知识信息为内容，以一定的物质形态为载体，通过复制而传播的文化产品。

出版学

研究出版活动性质、任务、作用及其客观规律的学科。

出版要素

又称“出版生产要素”。构成一项完整的出版物生产活动的必要因素，一般包括出版主体、出版资源、市场需求、出版过程等。

出版业

专门从事出版活动，向公众提供出版物及其服务的行业。强调其公共属性时，可称为出版事业；强调其产业属性时，可称为出版产业。

出血

图像超出成品幅面范围而被裁切掉的版面设计。

初版书

简称“初版”。第一次出版的图书。

初审

三级审稿责任制度的第一级审稿工作，由编辑（或助理编辑）对稿件进行初步全面的审读。

处理校样

稿件排出校样后，编辑人员进行审读并做出处理的编辑活动。

串文

又称“插文”“卧文”。在标题、图表旁边排正文。

词典

又称“辞典”。收集词汇，以词条为单元，按某种顺序排列并加以解释的工具书。

辞书

以字条、词条、条目为单元，按一定的方式编排和检索的工具书。是字典、词典和百科全书的统称。

丛书

将若干种相互关联的单独著作汇集成套、冠以总名的图书。

丛书名

直接表达或象征、隐喻多卷本书籍内容及其特征的共同题名。

D

大事年表

将重要事件按时间顺序陈列的表格。

大众读物

又称“一般读物”。其读者为非定向性特征群体的出版物。通常指教育出版物和专业之外的读物，如文学类、少儿类、生活类、知识普及类等出版物。

大众类图书

受众面广，内容与大众的日常生活、休闲阅读、知识普及等相关的图书。

单码

书刊页码中的奇数页码。

单页图

占一版面、背面空白的图。

地脚

版心底端至成品边沿的空白区域。

点校

一手指原稿、一手执笔点校样进行比对的校对方式。对校的一种。

电子图书

又称“电子书”。以数字代码方式将图、文、声、像等信息存储在磁、光、电介质上，辅以电子技术手段阅读的图书。电子图书包括电子书的内容、电子书阅读软件和电子书阅读器三个基本要素。

电子阅读

针对报刊、书籍和其他印刷品来源的书面材料的数字显示版本进行的阅读。

定稿

最后修改审定的稿件。

都市报

以报道都市生活、文化、娱乐为主体的报纸。

读校

又称“唱校”。一人朗读原稿，他人比对校样，发现并改正差错的校对方式。

读者

又称“读者对象”。阅读或购买出版物的目标客户群体。是出版、发行单位服务的对象。

对校

以原稿对照校样进行校对的方式。

E

二级校对

出版专业从事校对工作的初级职务名称。承担一般或复杂稿件的责任校对或核对付型工作。

二校

出版单位对书稿进行的第二次校对。

F

发稿

责任编辑将完成审稿、加工、整体设计后的稿件签发排版的编辑环节。

翻译

将作品从一种语言文字转换成另一种语言文字的著作活动。

凡例

说明出版物内容、编纂体例及使用方法的辅文。一般置于正文或目录之前。

反线

表格中的粗的界线、轮廓线或装饰线。

扉页

又称“内封”“副封面”。书芯正文前印有书名、作者、出版者等信息的书页。

分栏

将版心分为两栏或多栏的版式。

封底

又称“底封”“底封面”“封四”。整本书刊的最后一个页面。

封二

又称“封面里”“封里”。封一的背面。

封面

又称“封皮”。包在书芯外面印有书名、作者、出版者的纸张或其他材料。一般包括封一、封底及书背。

封面设计

书刊封面的文字、图案、色彩的设计工作。书籍封面设计包括封一、封二、封三、封底和书背五个部分的设计。

封三

又称“封底里”。封底的背面。

封一

又称“面封”“前封面”。整本书刊的第一个页面。

辅文

出版物中在正文前或后，用以补充说明正文的附属文字、图表等。

付印

稿件完成排版、校对和其他编辑工作流程，交付印制的编辑活动。

付印清样

又称“付印样”。俗称“付型样”。完成三校一读、编辑人员审改处理、改版后打印出的供印刷用的清样。

复审

三级审稿责任制度的第二级审稿工作，由编辑室主任或其委托的编审或副编审对稿件做进一步的审读。

副编审

出版专业技术职务中编辑类别的高级专业技术职务名称。

副刊

报纸上刊登文艺作品、学术论文或其他专题的专页或专栏。

副书名

依附于正书名的书的标题。

G

改样

又称“改版”。按照校样上校出的差错,在印版上加以改正的校对活动。

高级编辑

新闻专业技术职务中编辑类别的最高级专业技术职务名称。

稿件

编辑部对作者交来作品的统称。

稿件送审

将稿件报送有关部门审查,或将稿件寄送外单位同行、学者审查把关的编辑活动。

工具书

系统组织编辑某方面资料,用于解难释疑、指引线索的出版物。

公开发行

对出版物发行地区和读者对象不做限定的发行方式。

古籍

古代书籍。通常指 1912 年以前在中国书写或印刷的图书。

古籍整理

对中国清代及以前历代典籍进行整理的著作活动,包括标点、校勘、编选、译注、辑佚等。

关键词

为便于检索而提出的能够表达文献主题内容、可作为检索入口的未经过规范化的自然语言词汇。

规范统一

对稿件的语言文字、标点符号、名词术语、体例格式等进行核查、修改，使之符合相关标准和规范的编辑加工活动。

国际标准连续出版物号

曾称“国际标准刊号”。一种连续出版物的唯一确定的国际通用识别代码。以ISSN为标识符，由8位数字组成。8位数字分为前后两段，各4位，中间用连接号“–”相连，前7位数字为顺序号，最后一位是校验码。

国际标准书号

一本书或非连续电子出版物的一个版本的唯一确定的国际通用识别代码，以ISBN为标识符。编码由包含一位校验码在内的13位数字组成，并以四个连接号“–”或四个空格加以分割，每组数字都有固定的含义。

国内统一连续出版物号

曾称“国内统一刊号”。由国家新闻出版管理部门负责分配给中国连续出版物的唯一代码。以CN为标识符，由2位地区代码和4位地区序号共6位数字，以及分类号组成。

H

函套

又称“封套”“书套”。中国传统书籍外面包的保护性装饰物，一般是以厚板纸做里层，以布或锦等织物裱外而成的盒式外套。

行距

版式中相邻行与行之间的距离。

豪华本

专门设计，采用特种面料、高级纸张印制的版本。

号外

为刊载突发性重大事件或特别重要的新闻，在连续的出版期号之外临时增出的报纸。

合页图

左右两面合为一幅的图。

核红

曾称“对红”“复红”。检查核实前次（或前几次）校样上色笔批改之处在后次校样上是否得以改正的校对活动。分校次间核红与付印清样核红两种。

横排

字符由左至右横向排列成行的排版格式。

护封

又称“包封”。包裹在书刊封面外面的封皮，对书刊封面起保护作用。

环衬

书芯前后各粘的一折两页的纸张。

J

记者

报刊社从事新闻采写、报道信息的专职新闻人员。

技术编辑

负责出版物技术设计的编辑人员的职务名称。

脚注

又称“边注”“页末注”。置于同页末尾的注释。

校次

校对的次数。

校订

根据可靠资料，订正引文、事实、数据等方面的差错的编辑加工活动。

校对

① 根据发排稿核对校样、订正差错、提出疑问的活动。② 全称“校对人员”。根据发排稿核对校样、订正差错、提出疑问的人员。③ 出版专业技术职务名称之一。

校对符号

以特定图形为主要特征的、表达校对要求的各种符号。

校对软件

用来校对电子文稿的计算机软件。

校对质疑

校对人员对原稿和校样中的内容提出疑问，提请编辑人员解决的工作方式。

校勘

又称“校雠”“校订”。依据不同版本、相关资料或原著，对某本书进行比对，订正错漏的著作活动。

校是非

通过查对资料和相关标准，发现并订正原稿中的错误的校对原则。清代校雠家段玉裁将校雠的功能概括为“校异同、校是非”。所谓校是非就是“定本子之是非”。

校样

根据发排稿排版后印出的供校对使用的样张。

校异同

以原稿为依据，核对校样，分辨异同，异则依据原稿订正校样的校对原则。清代校雠家段玉裁将校雠的功能概括为“校异同、校是非”。所谓校异同就是“照本改字，不讹不漏”。

教育类图书

内容与教学活动相关的图书。

经济效益

出版者在出版物经营活动中取得的经济收益。

精装本

又称“精装书”。以装潢讲究和耐保存的装饰材料作封面为主要特征的版本。

居中

文字等位置适中，上与下空隙相等，左与右空隙相等。

K

开本

又称“幅面尺寸”。出版物幅面大小的规格。占全张纸的几分之一即为几开本。

开天窗

报纸版面上因无文字图片而形成的空白。形同天窗。

刊名

报刊的名称。简要提示连续出版物主要内容、定位的题名，多为词组。

刊期

报刊出版的周期。

跨页图

跨两版面的图。

L

勒口

曾称“折口”。封一和封底或护封在翻口处向里折转的延长部分。

类书

辑录多门类或某一门类的资料，按照分类或分韵的方式编排的工具书。

理校

通过推理分析来做出是非判断的校对方式。

连校

两个校次合并进行的校对方式。

M

毛校

稿件完成排版送出版单位校对部门前进行的校对活动。

美术编辑

负责出版物美术设计或专职编辑美术出版物的编辑人员的职务名称。

明码

书刊中排印出的页码。

目录

又称“目次”。出版物正文前，按一定次序编排篇、章、节等名目，体现其内容结构的检索性辅文。

目录页

出版物正文前按一定次序列出篇、章、节等名目及所在页码的页面。

N

内部发行

对出版物发行地区和读者对象加以限定的发行方式。

内容把关

新闻出版工作中，在内容的采选、编辑和发布的全过程中对新闻信息和知识传播进行疏导与抑制的行为。

内容提要

简称“提要”。① 对出版物主要内容的综述性介绍。② 在文章标题之下、正文之前对其内容加以概括或评价的简短文字，其字号、字体一般区别于正文。

P

排版

将文字、图片、图形等可视化信息元素在版面布局上调整位置、大小，使版面布局条理化的过程。

飘口

精装书壳超出书芯切口的部分。

平脊

书背呈平面状。书芯的装帧形式之一。

平装本

又称“简装本”“平装书”。俗称“纸皮书”。以纸制软封面为主要特征的版本。

评论员

全称“新闻评论员”。撰写新闻评论的人员。

Q

期刊

定期出版且周期不大于一年的装订的连续出版物。

期刊社

又称“杂志社”。从事期刊（杂志）出版活动的出版单位。

齐清定

稿件齐全、清楚、确定。编辑加工的基本要求之一，也是发稿的必备条件。

清样

改完版后重新打印的未经再次校对的纸样。

全集

具有一定数量作品的一个或多个作者的全部著作编成的图书。

全角

用作排版宽度的计量单位，宽度等于所使用的文字的磅数。1 磅约等于 0.35 毫米。

R

人机结合校对

人工校对和计算机软件校对相结合的校对方式。

日报

每周出版四次及以上的报纸。

S

三级校对

出版专业从事校对工作的初级职务名称。在一级校对的指导下，承担一般稿件的责任校对或核对付型工作。

三校

出版单位对稿件进行的第三次校对。是最后把关的一个校次。

三校一读

出版物经过三次校对和一次通读后才给予付印的制度。校对工作的基本制度。

三审制

全称“三级审稿责任制度”。又称“三级审稿制”。初审、复审和终审三个审级组成的审稿制度。

社会效益

出版活动对社会进步的影响与作用。

社论

报纸编辑部就重大问题发表的评论。

深度报道

系统反映重大新闻事件和社会问题，深入挖掘和阐明事件的因果关系以揭示其实质和意义，追踪和探索其发展趋向的报道方式。

审读

为了评价、选择和把关，对作品进行审查阅读的编辑活动。

审稿

从出版的专业角度，阅读稿件并对其内容和价值进行科学分析、判断的编辑活动。

时评

全称“时事评论”。以议论时事为主的新闻评论。

手册

又称“指南”。汇集某一方面常用的基本资料，供随时翻检查考的工具书。

书槽

精装书壳封一和封底上与书脊相邻平行的凹槽。

书稿

在原稿基础上，编辑加工后拟发排、出版的定稿。

书号

图书的识别代号。

书眉

在书刊横排本的版心上部排印的，用以提示该页章节题名或专栏名称的文字。

书名

全称“正书名”。书的主标题。

书名页

图书正文之前载有完整书名信息的书页。可分为主书名页和附书名页。主书名页包括扉页和版本记录页。丛书、多卷书、翻译书、多语种书等特有的一些书名、作者名、出版者信息，一般刊载于附书名页。

书签

能够夹入书页内，用来标示所读之处的签或片条。

书签带

又称“书签丝带”。书刊所附的起书签作用的丝带。

署名文章

署名表示负责的文章。

竖排

又称“直排”。字符由上而下竖向排列成行的排版格式。

数字出版

利用数字技术进行内容编辑加工，并通过网络传播数字内容产品的一种新型出版方式，其主要特征是内容生产数字化、管理过程数字化、产品形态数字化及传播渠道的网络化。

双码

书刊页码中的偶数页码。

碎片化阅读

一种以互联网为载体，以手机、平板电脑等便携式电子设备为工具，利用零碎时间获取碎片化信息的阅读方式。

索引

汇集书刊中包含的字词、语句、事件、编号、图片等主题，以适当方式编排，指引读者查找的检索工具。

T

他校

用其他书籍文献来校对本书稿的方式。

特约编辑

编辑部门约请担任编辑工作的编外专业人员的职务名称。

誊样

将多份校样的改动誊抄合并至一份校样上的校对活动。

梯标

又称“踏步口”“检标”。附于书籍切口上的检索标志。

天头

版心顶端至成品边沿的空白区域。

通读

对稿件从头到尾进行审读的编辑活动。

通读校样

脱离原稿，对校样进行通读以发现和订正错误的校对方式。

通稿

全称“新闻通稿”。以一种统一的稿件方式给全国媒体刊发的重要新闻。

通栏

又称“单栏”“长栏”。版心不作分隔、字行的长度与版心宽度相等的版式。

通讯员

报刊社聘请的经常为其反映情况、提供线索、撰写通讯报道的非专职新闻工作人员。

统一名词术语

对稿件的名词术语进行核对，使之符合规范的编辑加工活动。

统一体例格式

对稿件的形式和格式进行整体性、一致性处理的编辑加工活动。

捅版

校样由于文字增删而造成推行，改变已排版面的排版情况。

头条新闻

通常在版面最显著的位置，并运用各种编排手段加以突出的最重要的新闻稿件。

图片

图画、照片和拓片等的统称。

图书

简称“书”。用文字或图画、符号等记录知识于纸张等载体，并具有相当篇幅的非连续出版物。

图书在版编目

在图书出版过程中编制有限的书目数据的活动。

图书质量

图书的品质。包括内容质量、编校质量、设计质量、印制质量等。

图文信息处理

简称“图文处理”。对文字、图形、图像等信息进行转换、修正、编辑、组合等加工的过程。

图形

通过造型手段形成的、具有形态特征和（或）数学描述的信息集合。

W

外审

编辑部门将稿件送请有关部门或外单位专家审读，以听取其用稿建议的编辑活动。

晚报

每天傍晚出版发行的综合性城市报纸。

网络文学

基于网络创作和传播的一种文学形态，它同传统文学一样具有诗歌、小说、散文和戏剧等体裁或形式，但是它的表现形式更加多样，如超文本和多媒体作品形式。

尾注

又称“文后注”。集中置于正文的某一部分或全部正文之后的注释。可分为段后注、章后注、篇后注、书后注。

文本

以字母、符号、字、短语、段落、句子、表格或者其他字符排列形式出现，用于表达特定意义的数据。

文集

从不同的作者或同一作者的诸多作品中选出部分作品而编印出版的图书集合。

文库

多册成套的图书集合。一般是按照编辑计划，选择已印行的出版物，分门别类配套而编成。同一文库中的图书，版式、装帧基本相同。

文献

记录知识或信息的载体。

文章

有题名且表达完整意义并独立成篇的文字作品。

文字

可单独或经组合表达某种或某些语义信息的符号及符号集合。

文字编辑

负责稿件文字加工的编辑人员的职务名称。

X

小众读物

其读者具有某种专业背景或特定爱好的出版物。

修订

对原作品进行修改、增删的著作活动。

修订版

又称“修订本”。对原版本的内容进行修订后出版的图书版本。

选集

选录一人或多人的作品而成的集子。

选题

拟选择的出版方案，包括题名、内容、读者对象、编辑意图、效益预测等内容。

学报

又称“学刊”。由高等院校、研究机构、学术机构主办的学术性期刊。

学术著作

围绕某一学科或某一专题，将有关知识归纳成理论，进行系统论述的著作。

Y

腰封

又称“书腰纸”。包勒在封面腰部的纸带，常印与本书相关的文字。

页

① 量词。通常用于印刷出版物。单面印刷时，一页是指一张纸；双面印刷时，一页是指一面。② 互联网地址中超文本文献的页面。

页边

又称“周空”。版心与切口之间的空白区域。

页码

标明页面顺序的序号。

页面

① 出版物的基本单元，包含文字、图形、图像、链接、标签、标识等信息。② 承载书刊内容的纸页两面。

一级校对

出版专业从事校对工作的中级职务名称。

一校

又称“初校”。出版单位对稿件进行的第一次校对。

移动阅读

借助智能手机、电子阅读器和平板电脑等移动终端获取信息、阅读作品的方式。

译丛

系列翻译作品冠以总书名而出版的图书。

译稿校订

对照原作品或其他可信资料，对译稿加以审核加工的编辑加工活动。

译名对照表

将正文中的中外人名、地名、机构名及其他专用名称的原文与译名对照陈列的表格。

译者

对作品做翻译工作的个人或集体。

译著

将某种著作译成另外一种语言的著作。

引文

文章中引用他人著述或文献资料的文字。

印次

同一版本的图书印刷的次序。

舆论导向

又称“舆论引导”。运用舆论影响人们的传播行为。

语言学

研究人类语言的学科。包括语言的本质、发展和起源，以及语言的结构、功能、类型等。传统的语言学以研究古代文献和书面语为主，现代语言学以当代语言和口语为主。

圆脊

又称“圆背”。书背呈月牙状或圆弧状。书芯的装帧形式之一。

阅读

读者从读物中获取信息，并进行加工，产生理解与情感效应的精神活动。

Z

杂志

不定时出版的装订的连续出版物。我国常不计期刊与杂志的区别。

再版书

经修订或重排后再次印刷出版的图书。

责任编辑

对出版物负基础性责任的编辑人员的职务名称。通常指负责稿件初审、编辑加工和付印样的通读等工作，并对编辑、设计、排版、校对、印刷等出版环节的质量负有监督责任的编辑人员。

责任校对

对书稿负有主要校对责任的校对人员的职务名称。

增订版

又称“增订本”。在原有版本基础上进行增订后出版的图书版本。

摘编

从作品或出版物中摘录部分内容以形成新作品的著作活动。

占行

标题占据正文的位置，以正文行数来计算。

折校

又称“比校”。用双手夹持校样，逐行折叠校样并压在原稿上，使二者相应的字句上下对齐，一目双行地比对和订正校样上差错的校对方式。对校的一种。

整理

使稿件符合排版要求而做的技术性加工，包括统一体例格式、用字用语，标注说明有关事项，保持书稿整洁等。

正文

书籍或文章的主体。

正线

表格中的细的界线、轮廓线或装饰线。

智能写稿

应用人工智能技术形成某些类型的稿件的活动。

中缝

对页上两个版面之间的空隙。在竖排本中指前后半页的折缝。在报纸中指左右两版面之间的狭长版面，一般用于刊登分类广告、遗失声明等小篇幅文字信息。

中国标准连续出版物号

俗称“刊号”。中国连续出版物的唯一识别代码。由国际标准连续出版物号（ISSN）和国内统一连续出版物号（CN）两部分组成。

中国标准书号

中国出版单位出版的一本书的一个版本的唯一识别代码，即组区号为 7 的国际标准书号。

终审

三级审稿责任制度的最终一级审稿工作，由总编辑（副总编辑）或由其委托的具有高级职称的人员，在初审、复审的基础上进行审读，对稿件能否采用做出决定。

周报

出版周期为一个星期的报纸。

主编

① 多人从事作品的编纂工作的主要负责人的职务名称。② 全面负责连续性出版物编辑业务工作的负责人的职务名称。③ 小型出版单位及连续性出版物某栏目、版面或频道等的编辑工作的主要负责人的职务名称。

主任编辑

新闻专业技术职务中编辑类别的高级专业技术职务名称，比高级编辑低一级。

主题词

由受控词表规范的用于标引文献主题以便于检索的词。

助理编辑

出版专业技术职务中和新闻专业技术职务中编辑类别的初级专业技术职务名称。

注释

又称“注解”“附注”。对正文的某些内容或文字做出相关解释、说明的辅文。

专栏

在报刊中有固定的名称和版面位置，专门刊登某一内容稿件的版面。

专业类图书

内容涉及行业、职业和专业学科领域的图书。

专著

专门写作的专业的主题内容的图书。

字典

以字条为单元，对字头的形、音、义及用法或其他属性作出说明的工具书。

字号

区分单个字符大小的表示方法。

字距

版式中相邻字与字之间的距离。

字体

文字或图形符号的形体类别。

组稿

① 出版单位选择、组织作者创作新的作品，或从作者、著作权人处取得现成作品的编辑活动。② 又称“稿件配置”。报刊编辑中按照一定的报道意图将零散的稿件搭配、组织成有机完备的稿件集合的编辑活动。

组稿编辑

编辑部门负责与作者或著作权人联系、组织稿件的编辑人员的职务名称。

作品

文学、艺术或科学技术领域里具有独创性并能以一定形式表现的智力成果。

作者

创作文学、艺术或科学作品的自然人、法人或组织。

专家解读

如何避免政治性差错*

谭桂声

编辑图书、期刊等出版物一定要避免政治性差错。这里所说的政治性差错，不是指出版物在内容上的整体性的政治立场、思想倾向的错误，而是指由于认识上的模糊、技术上的疏忽、文字表述不当等造成的涉及政治性问题的个别差错。如果不保持警惕，就很容易出这类差错。那么，如何避免政治性差错呢？

一、树立明确的政治意识

避免政治性差错，关键是树立明确的政治意识、大局意识，具有清醒的政策意识、法律意识，克服思想麻痹，保持应有的政治警觉、职业敏感。对涉及方针政策、党史国史、领土主权、国际关系、民族宗教、国家安全等方面的敏感问题须特别慎重，注意出版物内容是否合乎国家的法律法规，充分考虑在政治、思想、道德、法律等方面可能对社会产生的影响和后果。出版单位和编辑人员须有政治责任意识，对社会负责，对读者负责，也对出版单位和编辑人员自身负责，务必谨慎从事，切勿掉以轻心。否则，就可能造成政治上的负面影响乃至严重后果。

---

* 原题为《怎样避免政治性差错》，载于《中国编辑》2006年第6期。此次收录，在保留原框架和基本内容的基础上，有较大幅度的修改。——作者

二、把握相关文件的规定

（一）把握相关文件中的政策性规定

1. 出版物内容须符合宪法的基本原则和法律法规、规范性文件中的相关政策

例如，出版物中涉及香港的内容，须符合《中华人民共和国香港特别行政区基本法》（1990–04–04*）、《全国人民代表大会关于建立健全香港特别行政区维护国家安全的法律制度和执行机制的决定》（2020–05–28）、《中华人民共和国香港特别行政区维护国家安全法》（2020–06–30）、《全国人民代表大会关于完善香港特别行政区选举制度的决定》（2021–03–11）、《“一国两制”在香港特别行政区的实践》白皮书（2014 年 6 月）、《“一国两制”下香港的民主发展》白皮书（2021 年 12 月）等法律法规和其他文件中的相关政策；涉及宗教的内容，须符合《宗教事务条例》（2004–11–30 公布，2017–06–14 修订）以及其他有关宗教的行政法规、规范性文件的相关政策；涉藏涉疆问题的内容，须符合中国政府迄今发布的16部涉藏白皮书和13部涉疆白皮书的相关政策。

2. 把握有关出版物禁止内容和重大选题的政策性规定

对诸多关于出版管理的文件，出版单位和编校人员应着重了解其中涉及出版物内容管理、选题管理的重要文件，准确地把握其中的政策性规定。

应重视并把握《出版管理条例》第二十五条、二十六条关于出版物禁止内容的规定。

应重视并把握《图书、期刊、音像制品、电子出版物重大选题备案办法》（2019–10–25 修订，简称《重大选题备案办法》）关于确定十二

---

* 凡未加说明的，均为公布日期。——作者

类选题为重大选题的总体规定，也应重视并把握与每一类重大选题相关的其他文件的具体规定。例如，中央宣传部、新闻出版署、总政治部《关于加强军事题材出版物出版管理的规定》（1994–03–12），中央办公厅、国务院办公厅《关于对编辑出版集中介绍党政领导干部情况出版物加强管理的通知》（1997–04–12），中央宣传部、新闻出版署《关于出版“文化大革命”图书问题的若干规定》（1988–12–10），国家民族事务委员会、中央宣传部、中央统战部等七部门《关于严禁在新闻出版和文艺作品中出现损害民族团结内容的通知》（1994–06–07），《地图管理条例》（2015–11–26）等文件，都有关于某一类重大选题的政策性规定，出版单位和编辑人员应认真掌握，自觉执行。

（二）把握相关文件中的技术性规定

诸多文件中的技术性规定在操作层面上落实了政策性规定。例如，中央台湾工作办公室、中央宣传部、中央对外宣传办公室《关于正确使用涉台宣传用语的意见》（2016 年 3 月修订），中央台湾工作办公室、国务院台湾事务办公室《关于处理涉台法律事务若干意见的通知》（1993–04–22），外交部领事司《关于涉及台湾称谓问题的通知》（2005–07–14），新华社《新闻信息报道中的禁用词和慎用词》（2016 年 7 月修订）、《两会报道规范用语备忘》（2012 年 2 月修订），自然资源部《公开地图内容表示规范》（2023–02–06）：其中所作的技术性规定，分别是关于涉台宣传用语、新闻信息报道用语和公开地图内容表示的规范。

三、严格遵守送审制度和三审制度

（一）严格遵守送审制度

1. 严格遵守重大选题备案制度

《重大选题备案办法》确立了严格的重大选题备案制度，将重大选题界定为“涉及国家安全、社会稳定等方面内容选题”，确定十二类选题为重大选题，列入备案范围，并规定：“列入备案范围内的重大选题，图书、期刊、音像制品、电子出版物出版单位在出版之前，应当依照本办法报国家新闻出版署备案。未经备案批准的，不得出版发行。”

2. 严格遵守地图审核制度

《重大选题备案办法》规定：“涉及中国国界地图选题，不涉及其他应备案内容的，由出版单位在报备时出具国务院测绘地理信息行政主管部门的审核意见。”但是，地图审核范围并不限于对“涉及中国国界地图选题”的审核。

《地图管理条例》规定：“国家实行地图审核制度。”据《地图审核管理规定》（2017–11–28 修订，2019–07–16 修正）：“有下列情形之一的，申请人应当依照本规定向有审核权的自然资源主管部门提出地图审核申请：（一）出版、展示、登载、生产、进口、出口地图或者附着地图图形的产品的；（二）已审核批准的地图或者附着地图图形的产品，再次出版、展示、登载、生产、进口、出口且地图内容发生变化的；（三）拟在境外出版、展示、登载的地图或者附着地图图形的产品的。”“下列地图不需要审核：（一）直接使用自然资源主管部门提供的具有审图号的公益性地图；（二）景区地图、街区地图、公共交通线路图等内容简单的地图；（三）法律法规明确应予公开且不涉及国界、边界、历史疆界、行政区域界线或者范围的地图。”并规定：“国务院自然资源主管部门负责下列地图的审核：（一）全国地图；（二）主要表现地为两个以上省、自治区、直辖市行政区域的地图；（三）香港特别行政区地图、澳门特别行政区地图以及台湾地区地图；（四）世界地图以及主要表现地为国外的地图；（五）历史地图。”“省、自治区、直辖市人民政府自然资源主管部门负责审核主要表现地在本行政区域范围内的地图。其中，主要表现地在设区的市行政区域范围内不涉及国界线的地图，由设区的市级人民政府自然资源主管部门负责审核。”

地图是国家版图最主要的表现形式，反映国家的主权范围，具有严肃的政治性、严密的科学性和严格的法定性。对地图的编辑出版须特别慎重。对应当审核的地图，须严格遵守地图审核制度，由负责审核的自然资源主管部门进行地图的政治把关和技术把关。

3. 严格遵守保密审查制度

《重大选题备案办法》规定，申报重大选题备案时，应当提交“相关部门保密审核意见”，“对由地方出版管理部门和主管单位审核把关的选题，组织相关单位认真做好内容审核和保密审查，提出具体审核意见”。但是，出版物保密审查并不限于对重大选题的保密审查。

国家保密局、中央对外宣传小组、新闻出版署、广播电影电视部《新闻出版保密规定》（1992–06–13）要求，新闻出版单位“对是否涉及国家秘密界限不清的信息，应当送交有关主管部门或其上级机关、单位审定”，“对涉及国家秘密但确需公开报道、出版的信息，新闻出版单位应当向有关主管部门建议解密或者采取删节、改编、隐去等保密措施，并经有关主管部门审定”。

（二）严格遵守三审制度

审稿是编辑工作的中心环节。出版单位和编辑人员不仅须严格遵守三审程序，而且须使三审工作到位。出版物出现政治性差错，与虽履行三审程序但三审工作不到位密切关联。因此，初审、复审、终审均须严格把关，既要避免初审不到位而造成失误，又要避免复审、终审不到位而形同虚设。《图书质量保障体系》（1997–06–26）对三级审稿制度有明确、严格的规定，问题的关键是认真落实。

四、作适当的技术处理

在编辑工作中，遇到政治上不当的内容或用语，应酌情作适当的技术处理。

例如，须明确“台独”产生的时间界限，即“台独”产生于1945年抗日战争胜利、台湾回归中国之后，任何将此前历史事件称为“台独”事件的内容，应坚决删除或加以修正。[①]

又如，某社出版清代某县志点校本时，对原书大量使用“獞”“獞人”“狼”“狼人”“狼獞”等对少数民族的蔑称，未作必要的说明，这是不妥当的。可在编辑（或出版）说明中加以交代：此类具有侮辱性的称谓，是对少数民族的歧视，为保持史料原貌，编者对史料中由于历史原因而形成的此类用语不作变动，特予说明云云。

再如，对使用不当的涉港澳台用语，据新华社《新闻信息报道中的禁用词和慎用词》（2016年7月修订），通常采用三种技术处理方法。一是变通说法：如对台湾所谓“宪法”“法律”，应分别称为“台湾地区宪制性规定”“台湾地区有关规定”。二是添加引号：如对“台独”“台湾独立”“台湾地位未定”“台湾住民自决”“台湾主权独立”“去中国化”“法理台独”“太阳花学运”等具有“台独”性质的政治术语应加引号。三是增添或删除限定语：对台湾与我名称相同的大学和文化事业机构，如“清华大学”“交通大学”“故宫博物院”，应在前面加上“台湾”“台北”或所在地域，如“台湾清华大学”“台湾交通大学”“台北故宫博物院”，这是增添限定语；对台湾冠有“国立”字样的学校和机构，使用时均须去掉“国立”二字，如“国立台湾大学”应称“台湾大学”，“××国小”应称“××小学”，这是删除限定语。

五、注意政治性用语规范

出版物的政治性差错，最常见的是政治性用语差错。政治性用语涉

① 王守兵.掌握基本原则，认清是非，规范使用涉台用语（续）[J].中国编辑，2013（4）：45.

及的范围极为广泛。举凡涉及国家制度、领土主权、大政方针、法律法规、国防军事、国安公安、经济民生、社会生活、民族宗教、外交关系、党政机构、历史问题等的表述，都可能遇到敏感的政治性用语，因此须特别注意政治性用语规范。

（一）涉及港澳台的用语规范

关于台湾问题的产生和性质，《一个中国的原则与台湾问题》白皮书指出："一九四九年十月一日，中国人民取得了新民主主义革命的伟大胜利，建立了中华人民共和国。国民党统治集团退踞中国的台湾省，在外国势力的支持下，与中央政府对峙，由此产生了台湾问题。"《反分裂国家法》指出："台湾问题是中国内战的遗留问题。解决台湾问题，实现祖国统一，是中国的内部事务，不受任何外国势力的干涉。"因此，"台湾问题是国际问题，受国际因素影响"是对台湾问题的性质的错误表述，应改为："台湾问题是中国内政，受外部因素影响。"①

台湾问题译为Taiwan question，不用Taiwan issue。台湾与祖国大陆（或大陆）为对应概念，根据语境可使用China's mainland（Chinese mainland）and the Taiwan region、the mainland and Taiwan of China 或 the mainland and Taiwan，其中中国大陆不能译为mainland China。②

1994年2月1日，针对台湾方面"'民国三十八年'（公元一九四九年）起，中国处于暂时分裂之状态，由两个政治实体，分治海峡两岸"的提法，我海协会常务副会长唐树备指出："目前两岸处于暂时的分离状态，但我认为我们不应当把这种暂时的分离状态，通过协议来加以固定化，

① 王守兵．掌握基本原则，认清是非，规范使用涉台用语（续）［J］．中国编辑，2013（4）：45.

② 国家新闻出版广电总局新闻报刊司．与台湾和港澳地区相关的表述及译法［EB/OL］．（2020-03-18）［2024-02-23］．https://pub.bnu.edu.cn/jzyg1/90464.html.

来体现所谓‘分裂、分治’。相反，我们应当是努力逐步走向统一。”[①]《一个中国的原则与台湾问题》白皮书指出：“中国领土和主权没有分裂，海峡两岸并非两个国家”，“战后德国的分裂和两岸暂时分离是两个不同性质的问题”。因此，不能说“两岸处于暂时分裂状态”“两岸分裂、分治”“两岸分裂”“两岸分治”，而应说“两岸处于暂时分离状态”“两岸暂时分离”或“两岸分离”。

不能将港澳台称为“海外”，如称香港同胞为“海外华人”就是错误的说法。不能把在港澳台同胞说成是“海外赤子”“海外游子”，不能把亲友在港澳台的大陆居民说成是有“海外关系”。[②]

内地居民往来港澳通行证、港澳居民来往内地通行证、大陆居民往来台湾通行证、台湾居民来往大陆通行证，不能混同于中华人民共和国护照。对这些证件的签发手续，不能使用“签证”这一国际法上的用语，而应使用“签注”。这四种通行证的名称中，用“往来”“来往”的各有两种，不能混淆。

（二）涉及民族宗教问题的用语规范

“少数民族”这一称谓，是在人口数量多寡上与汉族相对应的数量概念，没有其他含义。“少数民族”的英译为 minority ethnic groups，不译为 minority nationalities。[③]

国家广电总局《要求切实把握好民族宗教宣传的正确导向的通知》

① 海峡两岸关系协会 . 唐树备在两会负责人北京会谈中的讲话［EB/OL］.（2008–06–26）［2024–02–23］. http://www.gwytb.gov.cn/zt/zylszl/lhjl/la2008q/job/bj/201101/t20110108_1684629.htm.

② 中共佛山南海区委统战部 . 统战宣传报道中应严格注意的几个基本问题［EB/OL］.［2020–04–27］. http://chinesejournalist.xinhuanet.com/html/200703/ xinhs. htm.

③ 国家新闻出版广电总局新闻报刊司 . 与台湾和港澳地区相关的表述及译法［EB/OL］.（2020–03–18）［2024–02–23］. https://pub.bnu.edu.cn/jzygl/90464.html.

（2002–02–26）规定："宣传中华文明史要多提'中华民族'的概念，慎用'炎黄子孙'的概念，注意表明是各民族共同创造了中华文明。"在统称我国各民族时，应使用"中华民族""中华儿女"，不宜使用"炎黄子孙"，因后者包括不了很多少数民族。

牢固树立中华民族共同体意识，不宜不恰当地突出个体的民族身份，不应刻意强化"民族意识"，要多讲包括汉族在内的"各民族"，不宜形成少数民族与汉族的对立性表述，更不能出现针对某个民族的排他性表述。

不用"小民族""最小民族"的提法，应称"（我国）人口较少民族""（我国）人口最少民族"。民族平等，不论人口多少都平等；民族没有大小优劣之分，所谓"大民族""小民族"是站不住脚的。[①]同样，不用"大民族""最大民族"的提法。有关部门对"人口较少民族"有明确界定：在《扶持人口较少民族发展规划（2011—2015）》（2011–06–20）公布之前，指我国少数民族中人口少于 10 万的民族（22 个）；在公布之后，指我国少数民族中人口少于 30 万的民族（28 个）。

据新华社《新闻信息报道中的禁用词和慎用词》（2016 年 7 月修订），不要把古代民族名称与后世民族名称混淆，如不能将"高句丽"称为"高丽"，不能将"哈萨克族""乌孜别克族"等泛称为"突厥族"或"突厥人"。对各民族，不得使用旧社会流传的带有污辱性的称呼。不能使用"回回""蛮子"等，而应使用"回族"等。不能随意简称，如"蒙古族"不能简称为"蒙族"，"维吾尔族"不能简称为"维族"，"朝鲜族"不能简称为"鲜族"等。

① 肖静芳，普永生．民族类新闻出版写作应注意的几个问题［J］．中国记者，2009（9）：26.

党的宗教工作基本方针是：全面贯彻党的宗教信仰自由政策，依法管理宗教事务，坚持独立自主自办原则，积极引导宗教与社会主义社会相适应。第二句话中的“与社会主义社会相适应”，不要误为“与社会主义相适应”，不能漏掉“社会”二字。

国务院《关于“伊斯兰教”名称问题的通知》（1956–06–02）规定，对于伊斯兰教一律不要使用“回教”这个名称，应该称为“伊斯兰教”。

宗教极端组织、宗教极端思想，不能说成“极端宗教组织”“极端宗教思想”，可简称“极端组织”“极端思想”。

（三）涉及国际关系的用语规范

马尔维纳斯群岛（西班牙语：Islas Malvinas），英国称之为福克兰群岛（英语：Falkland Islands）。根据联合国的决定，对该岛名称，除了在非统计处理用途的情况下西班牙语可以使用“马尔维纳斯群岛（福克兰群岛）”［Islas Malvinas（Falkland Islands）］以外，所有其他语种的联合国文献都称其为“福克兰群岛（马尔维纳斯群岛）”［Falkland Islands（Malvinas）］。在我国编制的世界政区图上，马尔维纳斯群岛底色留白，注其阿根廷使用的西班牙语名称，之后括注其英语名称：“马尔维纳斯群岛（福克兰群岛）”。《辞海》以“马尔维纳斯群岛”为主词条，以“福克兰群岛”为副词条，并在“马尔维纳斯群岛战争”词条中将该岛名表示为“马尔维纳斯群岛（英称福克兰群岛）”。

《辞海》对巴勒斯坦首都和以色列首都的处理是，先在《世界国家和地区简表》的“国家或地区（简称）”项下分别列“巴勒斯坦”“以色列”，在“首都或首府”项下分别加注释号“①”“②”，然后在该简表之后分别加以注解：“① 1988 年 11 月，巴勒斯坦全国委员会通过《独立宣言》，宣布耶路撒冷为新成立的巴勒斯坦国首都。”“② 以色列建国时首都初设特拉维夫，后宣布迁都耶路撒冷。1980 年 7 月，以议会通过法案，宣布耶路撒冷是以‘永恒的与不可分割的首都’。阿拉伯国家对此一直有争议。”

“珠穆朗玛峰”应称“中尼交界的珠穆朗玛峰”，不称“我国的珠穆朗玛峰”或“尼泊尔的珠穆朗玛峰”；“喜马拉雅山南坡”不称“我国珠峰南坡”。珠穆朗玛峰在我国境内部分译为 Mount Qomolangma，不用西方常用的“Mount Everest”（“额菲尔士峰”或“埃佛勒斯峰”）。指尼泊尔境内部分时，应译为 Mount Sagarmatha（萨加玛塔峰）。

注意国家、地区的名称规范和数据规范，采用具有权威性的最新资料，规范表示国家、地区及其首都、首府的中文名称、英文名称，以及面积、人口、国界、行政区划等相关数据。特别要注意规范表示某些国家、地区经过剧烈政治动荡后的国名变动和相关数据变动。

（四）涉及历史问题的用语规范

党中央已经做出明确决议，对“反右倾”斗争，“大跃进”运动和人民公社化运动，“文化大革命”予以否定。除引述外，“反右倾”斗争的“反右倾”以及与“反右倾”斗争相关的“右倾机会主义”、“右倾机会主义分子”，“大跃进”、“共产风”、“一大二公”、“一平二调”、“三面红旗”，“文化大革命”及其简称“文革”，以及“无产阶级专政下继续革命的理论”、“走资派”、“资产阶级司令部”、“反动学术权威”、“二月逆流”、“批林批孔”运动、“批邓、反击右倾翻案风”运动等用语均应加引号，以示否定。

我国国民经济在 1959 年到 1961 年发生的严重困难，不应再称“三年自然灾害”，而应称“三年经济困难”“三年严重困难”，该时期应称“三年经济困难时期”“三年严重困难时期”“三年困难时期”。《关于建国以来党的若干历史问题的决议》指出：“主要由于‘大跃进’和‘反右倾’的错误……我国国民经济在一九五九年到一九六一年发生严重困难，国家和人民遭到重大损失。”

（五）涉及统一战线的用语规范

“中国共产党领导的多党合作和政治协商制度”，不要表述为“中国共产党领导下的多党合作和政治协商制度”。规范的表述中没有“下”字。

民主党派的正确排列顺序是：民革、民盟、民建、民进、农工党、致公党、九三学社、台盟。这一排列顺序是有历史渊源的，应予严格遵守。

我国实行单一国籍制，对加入外国籍的人士，不能再称中国人，而要称“外籍华人”，也称“海外华人”；具体指称应为“某国籍华人”，如“美国籍华人”“澳大利亚籍华人”，简称“美籍华人”“澳籍华人”。对外籍华人来华开展讲学、技术合作、访问等，不称“回国”。

《关于规范使用统一战线工作中若干重要称谓的意见（试行）》（2005–12–20）规定：“‘非党人士’、‘党外人士’、‘非中共人士’”，这三个称谓的内涵和外延是一致的。鉴于“非党人士（干部）”的称谓容易造成民主党派不是政党的误解，今后一般不再公开使用。“党外人士”主要强调中共党内与党外的区别，包括民主党派人士和党外人士，已经约定俗成，可以继续使用。但在特定场合，如需要强调民主党派人士的身份，可用“非中共人士”。

（六）涉及抗日战争的用语规范

抗日战争译为 the War of Resistance against Japanese Aggression（1931–1945），不能译为 Second Sino-Japanese War，也要注意起止年份的变化，即不再是 1937—1945。“七七”事变译为 the July 7th Incident，可加注解说明：also known as the Lugou Bridge Incident（又称“卢沟桥事变”），不用“the Marco Polo Bridge Incident”（“马可・波罗桥事变”）。[①]

① 国家新闻出版广电总局新闻报刊司. 与台湾和港澳地区相关的表述及译法[EB/OL].（2020–03–18）［2024–02–23］. https://pub.bnu.edu.cn/jzygl/90464.html.

对东北地区 1931 年 9 月 18 日至 1945 年 8 月 15 日这一历史时期，应称“东北沦陷时期”，不称“伪满洲国时期”。“东北沦陷时期”，是说中国东北沦陷时期，以中国为叙述主体；“伪满洲国时期”，则以伪满洲国为叙述主体。

据南京市委市政府新媒体平台“南京发布”（2019–12–12）：侵华日军南京大屠杀遇难同胞纪念馆可以称“南京江东门纪念馆”，但不能称“南京大屠杀纪念馆”；南京大屠杀死难者国家公祭日，不能称“南京大屠杀纪念日”。

（七）其他用语规范

涉及党和国家领导人的用语，应注意领导人的名字不得有误，排名及排名用语不得有误，有关活动报道用语不得有误。还应注意领导人的职务及职务出现方式不得有误。例如，中共中央总书记、国家主席、中央军委主席，有时，三项全都要有，少一项就是差错；有时，仅能出现一项，多一项也是差错；有时，还要出现兼任的其他职务。

涉及法律的用语，应避免违背法律的错误表述，规范使用关于我国法律制度的用语，规范表述法律文件名称，规范引用法条，规范使用法律术语，等等。

涉及社会生活的用语，应避免社会歧视用语、粗鄙用语、虚浮用语，规范使用涉及突发公共事件、个人隐私权、广告等的用语。

此外，还有其他诸多方面的用语规范。

六、提升政治把关能力

出版单位须强化对编辑出版工作的全面把控，保持高度的政治清醒和政治自觉，坚持正确的政治方向、舆论导向、价值取向，落实政治责任，提升编辑队伍的政治把关能力。

出版单位须加强出版物质量管理，把避免政治性差错作为三审三校和质检工作的重要内容，强化编辑人员的政治责任意识和政治把关意识。质检部门应充分发挥其职能：一是在质检工作中根据有关规定进行相关检查，二是进行必要的相关指导。而后者却容易被忽视。如何避免政治性差错，不能全凭编辑人员自己摸索，而应在平时的质检工作中加以切实指导，利用内部工作网页，推荐应学习的文件、文章和应配备的工具书，介绍避免政治性差错的常规，分析出版物出现严重政治性差错的典型实例，等等。复审、终审人员，特别是专职质检人员，都应就出版物编辑中的相关问题提供咨询和指导。社领导和人力资源部门应安排相关的业务培训。

“工欲善其事，必先利其器。”编辑人员提升自身的政治把关能力，不仅须具有防范政治性差错的高度责任感和警惕性，而且须学习、了解和掌握涉及出版物政治性问题的相关政策和规范，在政治把关方面，练就准确发现和恰当处理问题的必备工作技能。

编辑人员的政治把关能力，与严肃的工作态度和严谨的工作作风密不可分。对于稿件，编辑人员须克服麻痹大意，加以精细编辑。不仅要从宏观上加以把握，而且要对每一细部的内容和文字加以审核，斟酌观点和材料，推敲字词语句，认真核对引文，细心过目，用心加工，精心处理，避免因编校失误而导致政治性差错。对出版物加以精细编辑，不仅是编辑人员的责任意识和优秀素质的集中体现，而且是避免政治性差错的可靠保证。

（作者系编审，原新闻出版总署出版产品质量检测专家委员会专家，长期从事出版物所涉政治性问题的研究和相关培训）

《图书编校质量差错判定和计算方法》解析

肖振华

2023 年 8 月 1 日开始实施的《图书编校质量差错判定和计算方法》是以中华人民共和国新闻出版总署令〔2004〕第 26 号《图书质量管理规定》的附件《图书编校质量差错率计算方法》为基础制定的，是对《图书编校质量差错率计算方法》的细化，从而便于图书质量检查工作的操作。因此，《图书质量管理规定》相当于《图书编校质量差错判定和计算方法》的“上位法”。

在此，有必要先对《图书质量管理规定》中有些与图书质量差错相关的重要问题的规定加以梳理，请编校同行加以注意。

一、《图书质量管理规定》中应特别关注的要点

第三条　图书质量包括内容、编校、设计、印制四项，分为合格、不合格两个等级。

内容、编校、设计、印制四项均合格的图书，其质量属合格。内容、编校、设计、印制四项中有一项不合格的图书，其质量属不合格。

在图书质量这四项中，第一项内容质量是最重要的，会不定期检查，如果发现图书中有严重的内容质量问题，将会根据严重程度进行不同程度的严肃处理。第三项设计质量基本没有进行过专门的质量检查，但封

面（封一）和扉页等在编校质量检查的范围内，其中如果有问题同样要计错，而且是加倍计错。第二项编校质量和第四项印制质量在每年全国必查之列。在编校质量检查中，如果发现严重的内容质量问题，也将严肃处理，一般的内容质量问题则归在“不规范或不当表达引起的倾向性问题”里，每处计 2 个差错。

> 第四条　符合《出版管理条例》第二十六、二十七条规定的图书，其内容质量属合格。
>
> 不符合《出版管理条例》第二十六、二十七条规定的图书，其内容质量属不合格。

需要说明的是，《图书质量管理规定》是 2004 年发布的，而当时依据的《出版管理条例》是 2001 年国务院公布的。2011 年《出版管理条例》第一次修订后（2024 年进行了最新一次，即第六次修订），条例原先第二十六、二十七条规定的内容已经变成了第二十五、二十六条——

> 第二十五条　任何出版物不得含有下列内容：
>
> （一）反对宪法确定的基本原则的；
>
> （二）危害国家统一、主权和领土完整的；
>
> （三）泄露国家秘密、危害国家安全或者损害国家荣誉和利益的；
>
> （四）煽动民族仇恨、民族歧视，破坏民族团结，或者侵害民族风俗、习惯的；
>
> （五）宣扬邪教、迷信的；
>
> （六）扰乱社会秩序，破坏社会稳定的；
>
> （七）宣扬淫秽、赌博、暴力或者教唆犯罪的；
>
> （八）侮辱或者诽谤他人，侵害他人合法权益的；
>
> （九）危害社会公德或者民族优秀文化传统的；
>
> （十）有法律、行政法规和国家规定禁止的其他内容的。

第二十六条　以未成年人为对象的出版物不得含有诱发未成年人模仿违反社会公德的行为和违法犯罪的行为的内容，不得含有恐怖、残酷等妨害未成年人身心健康的内容。

看这两条规定，编校人员肯定知道不得违反；但有时可能是由于水平有限、存在知识盲区等因素，没能看出隐含的内容质量问题，或是由于利益驱使想打擦边球而没把握好分寸。这就要求我们一定不要抱侥幸心理打擦边球，要对书稿可能涉及的内容质量问题有清醒的认识和处理能力。

（《图书质量管理规定》）第十二条　新闻出版行政部门对图书质量实施的检查包括：图书的正文、封面（包括封一、封二、封三、封底、勒口、护封、封套、书脊）、扉页、版权页、前言（或序）、后记（或跋）、目录、插图及其文字说明等。正文部分的抽查必须内容（或页码）连续且不少于10万字，全书字数不足10万字的必须检查全书。

由于《图书编校质量差错判定和计算方法》里没有对检查范围和检查总字数进行具体规定，因此，有必要对《图书质量管理规定》第十二条稍加解析。业内习惯是将正文之外的部分都归为辅文，前辅文都是必查的，后辅文只有后记（或跋）是必查的。“正文部分的抽查必须内容（或页码）连续且不少于10万字。”对这句话，要注意四个方面：1. 如果是教辅读物，相关的题目和答案要结合着（内容连续）进行检查；2. 如果被查的内容（或页码）不连续的话就不符合这条规定，可以进行申辩；3. 正文部分的抽查不少于10万字，不意味着只能查10万字；4. 没有规定必须从头查起，也可以从中间查起，还可以从较后部分查到结束，那么后辅文的参考文献、索引、附录也就都可能被查到，所以编辑对全书的所有部分都应认真审读、修改加工。

二、《图书编校质量差错判定和计算方法》重难点

《图书编校质量差错判定和计算方法》在第 1 部分“范围”里，特别提到“本文件不适用于地图图书和图书中地图图片部分的质量检查”。因为地图类图书有其特殊性，有专门的国家标准《公开版纸质地图质量评定》（GB/T 19996—2017）为其量身定制。

第 2 部分是“规范性引用文件”，第 3 部分是“术语和定义”，了解一下即可。

第 4 部分“检查字数计算方法”和第 5 部分“编校差错判定和计错方法”是重难点，有必要较详细地进行解析。

4　检查字数计算方法

4.1　通则

4.1.1　图书检查字数的计算，应以检查的版面字数为准，即：检查字数 = 每行字数 × 每面行数 × 检查面数。

4.1.2　封一、封二、封三、封四、护封、封套、腰封和扉页，除空白面不计外，每面应按正文满版字数的 50% 计算；书脊、有文字的勒口，应按正文满版字数计算。

【解析】封一、封二、封三、封四、护封、封套、腰封和扉页，空白面（如果封二和封三是空白面）不计字数，非空白面每面应按正文满版字数的 50% 计算；书脊、有文字的勒口，应按正文满版字数计算。有人可能会觉得封面和书脊通常都是印书名、作者名及著作方式、出版社名这三要素，为什么书脊能按正文满版字数计算，而封面却要按正文满版字数的 50% 计算？其实，《图书质量管理规定》的附件《图书编校质量差错率计算方法》中与 4.1.2 的表述是大致一样的。

4.1.3　版权页、前言、目录、后记等辅文，每面应按正文满版字数计算。空白面不计。

4.1.4　凡连续编排页码的正文，不论是否排字或排有插图、表格，均应按一面满版字数计算。

【解析】辅文的空白面不计字数，正文的空白面按满版字数计算。

4.1.6　书眉（或中缝）和单排的页码、边码应各算一行（列）计入正文行（列）数，一并计算。

【解析】图书字数的计算，除了版心内的字数外，版心外的文字也应计算。书眉或中缝（中缝通常是指书刊直排本排印在翻口两侧的文字或报纸左右两个版面的连接部分）如果和页码排在同一行，合并算一行。书眉或中缝如果和页码不是排在同一行，则可以算两行。有的经典著作或重要学术著作的中译本还印有边码，即印在图书正文版心外靠近左右切口的页码，所标的数字是外文原书的页码，为了方便研究者通过中译本核查原文。边码也可以算一行（列）字数。

4.1.7　分栏排版的图书，各栏之间的空白也应计入版面字数。

【解析】有的书（特别是工具书和教辅读物）因特殊需要，或开本较大，常分成左右两栏甚至左中右三栏排版。这种情况下，各栏之间的空白也应计入版面字数。

4.1.8　参考文献、索引、附录等字号有变化时，应分别按实际版面字数计算。

【解析】有些书的参考文献、索引、附录等后辅文有可能用稍小的字号排版，比如正文用五号字排版，后辅文用小五号字排版，那么，后辅文就应按小五号字来计算版面字数。

4.1.10　用小号字排版的夹注文字，应采用折合行数的方法，比照脚注文字进行计算。

【解析】有的图书，比如古籍类图书，有时会有较多用小号字排版的夹注文字，就可以照此折算。

4.1.11　外文图书、少数民族文字图书，图书的外文部分、少数民族文字部分和拼音部分，应以对应字号的汉字字数加 30% 计算。

【解析】遇到这种情况时，可以请排版人员帮忙确定图书中外文或少数民族文字、拼音的字号，比如说是 5 号字，那就按汉字的 5 号字算出满版字数，再加 30% 计算。

4.2　图书辅文部分图片页和以图片为主的图书的字数计算

4.2.1　有文字说明的版面，应按满版字数的 50% 计算。

4.2.2　没有文字说明的版面，应按满版字数的 20% 计算。

4.2.3　无法计算版面字数的，可以一个印张 1 万字为基数，参照 4.2.1、4.2.2 计算。

【解析】这个部分既是重点，也是难点。图书辅文部分图片页只是针对辅文部分而言，以图片为主的图书则是针对整本书而言。

就有图的单个版面来说，可以分为 3 种情况：1. 有图也有较多文字，可按满版字数计算；2. 有文字说明的版面，应按满版字数的 50% 计算；3. 没有文字说明的版面，应按满版字数的 20% 计算。

就整本书来说，判断是不是以图片为主的书，要看是否多数页码都有比较多的文字。如果多数页码都有比较多的文字，就可以不算以图片为主的书，正文基本都可以按满版文字计算字数。

行标中以图片为主的图书“无法计算版面字数的，可以一个印张 1 万字为基数”，这一字数计算规定是比照中华人民共和国国家标准《儿童青少年学习用品近视防控卫生要求》（GB 40070—2021）中的“4.3.1　小学一、二年级用字应不小于 16P（3 号）字，汉字以楷体为主”，大体推算出来的。

以图片为主的图书有两种计算方法：

1. 以 1 个印张 1 万字为基数计算——

（1）有文字说明的版面，应按满版字数的 50% 计算。假设一本书刚好 2 个印张，且都是有文字的，那这本书就折算为 1 万字。只要有 1 个错别字，再加 1 个标点符号错，合起来计 1.1 个错，差错率为 1.1/10 000，就不合格了。如果图中有知识性差错，就可能被计 2 个错，差错率为 2/10 000，也是不合格的。

（2）没有文字说明的版面，应按满版字数的 20% 计算。假设某本书刚好 1 个印张，且版面都是没有文字的，那这本书就折算为 2000 字。

2. 用尺子量书中若干文字的宽度，算出整行能排多少字，再量若干行的高度，算出版心内能排多少行。再以这样算出的满版字数，分别按有字乘以 50%、无字乘以 20% 计算。

在正文全部有文字的情况下，比较第一种算法（以 1 个印张 1 万字为基数除以开本数，算出 1 面的字数）和第二种算法（在用尺子量的基础上算出 1 面排满版的字数），哪种多就按哪种算。

5　编校差错判定和计错方法

【解析】编校差错判定和计错方法分成三大类，分别是“5.1　文字、图片差错”“5.2　符号差错”“5.3　格式差错”。每大类中，先是文字概述，然后以表格的形式呈现各小类的序号、类型、描述、计错方法。

5.1　文字、图片差错

5.1.1　一本图书中，同一错别字重复出现，每面计 1 次，最多计 4 次；阿拉伯数字与汉字数字混用差错，每面计 1 次，最多计 10 次；除错别字和阿拉伯数字与汉字数字混用差错外，其他同一文字、图片差错重复出现，每面计 1 次，最多计 3 次。书眉（或中缝）中同一文字、图片差错重复出现，按一面上差错数加 1 倍计算。

5.1.2　封一、扉页上的文字、图片差错，以对应的计错数加 1 倍计算；相关文字不一致，有一项计 1 个差错。

5.1.3　文字、图片差错类型的判定和计错应符合表 1 的相关要求。

【解析】关于文字、图片差错，此处的文字概述和下面表 1 里的相关要求一定要结合起来理解（表 2 和表 3 前的文字概述和表格里的相关要求也是如此），因为文字概述里对同类计错进行封顶了，而在表格里则只说每处计多少差错；如果只按表格把同一小类的差错相加，可能就会超出封顶数。

表 1　文字、图片差错类型的判定和计错方法

序号	类型	描述	计错方法
1–1	错字、别字	—	每处计 1 个差错

【解析】表 1 有 20 种类型，序号 1–1 的类型为“错字、别字”，因为类型的表述已经很明确了，所以描述就可以从略，计错方法是每处计 1 个差错。

这里要重点提及类推简化字。举个例子：“在秦句章县、鄮县境内，与秦始皇有关的蓬莱、徐福的传说和遗迹不少。诸如秦始皇帝遣方士徐福领童男女数千人入海求仙之所。秦始皇曾身在鄮县三十余日。”

本案例中用了“鄮”的类推简化字，但“鄮”不是《通用规范汉字表》中的字。《〈通用规范汉字表〉解读》中说：字表“也收录了少数已经被社会所习用，并符合《简化字总表》规定的类推简化字。今后表外字不再类推”。《教育部等十二部门关于贯彻实施〈通用规范汉字表〉的通知》对语文辞书编纂领域和科学技术领域也分别有类似表述：“收入《通用规范汉字表》以外的字一般应采用历史通行的字形，不应自造未曾使用过的新的简化字”，“可以使用《通用规范汉字表》以外的字，但一般应采用历史通行字形，避免自造新字”。因此，“鄮”字不能类推简化。错字基本上是字库里没有的字，在简化字版的书稿中看到含有繁体部件的字时，编校人员不要急着类推简化改在书稿上，排版人员不要急着类推简化造字，而应先核对《通用规范汉字表》；如果属于表内字就应类推简化，如果不属于表内字就不应类推简化，盲目造字反而会造出错字。

另外，在这段文字里，有两个“鄚”字，如果按表格中的计错方法“每处计 1 个差错”，可能会被计 2 个错。但是，不要忘了表格前面的文字概述说的“一本图书中，同一错别字重复出现，每面计 1 次，最多计 4 次”。在这一面里，哪怕“鄚”字出现多处，也只能计 1 个差错。

序号	类型	描述	计错方法
1–2	多字、漏字	—	每处多、漏 1 个字，计 1 个差错；2 ～ 5 个字，计 2 个差错；5 个字以上，计 4 个差错

【解析】引文应特别注意此条。由于有的作者写稿时比较随意，引文容易出现多字、漏字的差错，故编辑一定要认真核对引文，最好是请作者提供原文的复印件或照片，便于核对。

序号	类型	描述	计错方法
1–4	不规范使用汉字	1. 繁简字混用，且未作说明 2. 不规范使用异体字、异形词 3. 不规范使用旧字形	每处计 0.5 个差错

【解析】不规范使用汉字通常不会影响阅读理解，故每处计 0.5 个差错。如果在图书质检时被计 1 个差错，一定要懂得根据这一条计错方法进行申辩。

序号	类型	描述	计错方法
1–5	词语差错	1. 错用词语或成语 2. 专有名词差错 3. 使用带有侮辱、低俗含义的网络词语 4. 不当使用谐音词 5. 不规范使用缩略语	每处计 1 个差错

【解析】这里重点说一下错用成语的计错。举个例子：“前车之鉴，后事之师。我们在编辑工作中要吸取教训，不犯相同的错误。”“前车之鉴”是一个成语，“前事不忘，后事之师”是另一个成语。例句要改动3个字，但不是按1–2计2个错，而是把这个成语当作一处，每处计1个差错。

序号	类型	描述	计错方法
1–9	不规范或不当表达引起的倾向性问题	1. 涉港澳台表达不规范 2. 涉民族、宗教表达不规范 3. 涉边疆地理表达不规范 4. 以未成年人为对象的图书中含有不利于未成年人健康成长的表述或图片	每处计2个差错

【解析】不规范或不当表达引起的倾向性问题严重的（不符合《出版管理条例》第二十五、二十六条规定）要归到内容质量方面去，按内容质量不合格处理。1–9和后面的1–10、1–11、1–12这四种类型都是每处计2个差错，分值特别高，编校人员一定要避免这几方面出错。

序号	类型	描述	计错方法
1–11	逻辑性、语法性差错	1. 句式杂糅 2. 歧义、前后矛盾、不合事理 3. 语句不通、表意不明 4. 同一单元或同一份试卷中的试题完全重复 5. 答案无故缺失	每处计2个差错

【解析】需要注意的是，1–11的描述有5条，4和5是针对教辅读物的，也归在这里。但逻辑性、语法性差错远不止1、2、3描述的这几种。大家要特别注意表1最后的注：“差错描述为判断差错类型提供参考，包括但不限于表1给出的描述。”也就是说表中各项的描述仅是举例，而未必穷尽。不要认为书稿中的逻辑性、语法性问题不在此处描述范围内，就可以不计错！表2和表3最后的注也是如此。

序号	类型	描述	计错方法
1–17	阿拉伯数字、罗马数字差错	年代、日期、时间、数值、比例差错	无论几位数，都计1个差错

【解析】计错方法说："无论几位数，都计1个差错。"例如123 456 789错成987 654 321，这个数字虽然只有其中第五位的5是对的，但应把这个数字看作一个整体，只计1个差错。前面的1–14、1–15、1–16与此类似。

5.2　符号差错

5.2.1　一本图书中，同一标点符号差错重复出现，最多计10次；注码、序号标注差错全书超过3处，计1个差错；同一单位符号、科学符号、曲谱符号等符号差错重复出现，每面计1次，最多计3次。

5.2.2　符号差错类型的判定和计错应符合表2的相关要求。

【解析】《图书质量管理规定》的附件《图书编校质量差错率计算方法》中说："标点符号的一般错用、漏用、多用，每处计0.1个差错。"而在行标中则封了顶——"一本图书中，同一标点符号差错重复出现，最多计10次"。

表2　符号差错类型的判定和计错方法

序号	类型	描述	计错方法
2–2	注码、序号标注差错	注码、图序、表序、公式序标注差错	每处计0.1个差错

【解析】比如说注码①错排成注码②，但在不会使读者产生误解的情况下，每处计0.1个差错。

表 3　格式差错类型的判定和计错方法

序号	类型	描述	计错方法
3–5	图、表、书眉、符号的位置差错	1. 书眉单双页位置互错 2. 曲谱符号的位置、顺序、方向错误 3. 行首、行末误用标点符号 4. 专名号、着重号错位	每处计 0.1 个差错
		5. 图、表位置与文字描述不一致	每处计 1 个差错
注：差错描述为判断差错类型提供参考，包括但不限于表 3 给出的描述。			

【解析】在表 3 格式差错类型中，要特别注意的是，其他所有差错都是每处计 0.1 个差错，只有 3–5 的“5. 图、表位置与文字描述不一致”是每处计 1 个差错，这是因为图、表位置与文字描述不一致（比如“上图”写成“下图”）的话，会导致读者产生错误理解。

6　编校差错率计算方法

6. 1　编校差错率计算公式：编校差错率 = 编校差错数 ÷ 总字数。

6. 2　编校差错率用万分比表示。

【解析】如果一本图书质检辅文加正文共 11 万字，查出 11 个差错，差错率就是 1/10 000，根据《图书质量管理规定》“第五条　差错率不超过万分之一的图书，其编校质量属合格。差错率超过万分之一的图书，其编校质量属不合格”，刚好在合格线内；如果查出 11.1 个差错，差错率就是 1.01/10 000，就超出合格线了。

最后，需要说明的是，质检也存在一些模糊地带，质检员主要根据是否硬伤慎重决定要否计错，对非硬伤通常只需指出而不计错。

（作者系编审，中宣部质检中心专家委员会专家，《图书编校质量差错判定和计算方法》起草组副组长，著有《出版物质量问题典例面面观》）

图书质检申辩要科学合理、客观有据*

夏 悦

国家新闻出版署图书“质量管理”专项活动已经连续开展了 11 年，在强化出版质量监督检查、推动出版物质量提高、促进行业质量意识提升等方面取得了显著成效。

笔者作为长期从事质检工作的检查人员，了解到为了使检查结果更科学、更公正，检查部门通常采用“三审三核一反馈”的检查程序。其中，“一反馈”环节是出版单位（部门）与检查部门对质检差错进行沟通的重要环节，也是出版单位（部门）参与检查流程的唯一环节，申辩理由是否充分将直接影响图书的检查结果。那么哪些申辩难以被认可？怎样申辩可能会被认可？本文将通过下列案例予以解答。

一、难以被认可的申辩案例

检查中发现，虽然多数申辩意见准备得比较认真，但是仍有些意见写得不到位，主要表现为理由牵强、依据不靠谱、表述不够友好。

*本文原发表于《中国新闻出版广电报》2021 年 6 月 7 日第 6 版，此次收录，略有改动。——作者

（一）申辩理由有悖于“工匠精神”——编校工作不严谨，缺少出版情怀

案例一：“秋夜里，天高云淡， 先生为他研墨铺纸”，纸张最早出现于汉朝，书中所述的事件发生在汉朝以前，所以“铺纸”应改为“备简”，计为知识性差错。

申辩：因为本书为中小学生阅读书籍，重在让学生理解文意，考虑到学生对事物的认知水平，有些词语没有严格按照产生的时代区分，是为了通俗易懂，便于中小学生理解。而且竹简现在已经不存在了。

质检：正因为是给学生看的书，才应该更严谨，所以不认可申辩意见。

（二）申辩理由不合理——基础知识薄弱，业务能力不精

案例二：“他进了一柱香”，其中“柱”应改为“炷”。

申辩：“一炷香”是古代的时间单位，表达香燃烧的时间和过程，见《辞海》第 2522 页。现在寺庙出售的香都很粗大，如柱状物，此处用进香一柱，不能计错。

质检：《辞海》（第六版缩印本）第 2522 页，“炷”，“量词，用于点着的线香”；而“柱”字没有量词解释。所以原句中“一柱香”是错的，应改为“一炷香”，不认可申辩意见。

（三）申辩理由缺少依据——计错标准掌握得不全面、不透彻

案例三：“她说：‘刚开始……’”，句中应删去“她说”和冒号、单引号，为逻辑性错误，计 2 分。

申辩：“他说”多字扣 1；标点符号错扣 0.2。

质检：根据《图书编校质量差错率计算方法》，多 2 ～ 5 个字，计 2 个差错。“她说”多 2 个字应该计 2 分，如果按照申辩意见，此处应该计 2.2 分。申辩理由缺少依据，所以未能认可申辩意见。另外，申辩意见中“他”应改为“她”。

（四）申辩理由牵强附会——是非观念模糊，责任意识不强

案例四：“语未己”“困无己”两处“己”应改为“已”。

申辩：此字不错。由于本书原文部分采用汉仪昌黎体排版，此种字体笔画较细，文中“已”字竖弯钩稍稍出头，只是不明显。

质检：经与原书核对，确实是“己”字，并且通过查找前后文，找到同字体的“已”字，竖弯钩出头很明显，显然此两处原文是“己”不是“已”，申辩无效。

（五）申辩理由无理无据——质量意识淡薄，轻视质量文化建设

案例五：“《中国通史简编》……人民文学出版社”，其中“人民文学出版社”应改为“人民出版社”，计 2 分。

申辩：这里检查者指出的是对的，应该改正，然而注释中这样小的疏忽就计错 2，是否过于严苛？若正确答案是商务印书馆，是否应该计错 5？

质检：此处是知识性差错，所以计 2 分。申辩理由既无依据，又无说服力，属于无效申辩。

以上是不规范申辩的典型案例，此类意见在实际检查工作中难以被认可。

二、易被认可的申辩案例

出版单位（部门）应该怎样填写申辩意见呢？笔者认为：第一，申辩态度要端正。申辩意见应以理服人，并且不要含有别字。第二，申辩理由要精准。申辩不需要长篇大论，先要弄清质检计错的原因，再提出准确的申辩意见。第三，申辩要有依据。可以依据权威工具书，也可以依据经典文献、权威媒体，总之，申辩理由要充分，要有说服力。

案例六：“老子说，‘治大国如烹小鲜’”，引用部分“如烹小鲜”应改为“若烹小鲜”，计 1 分。

申辩：申诉理由一，也有此用法，参考例证见下。①《习近平用典（第一辑）》（人民日报出版社）第285页“解读”部分开篇为“‘治大国如烹小鲜’来自《老子》，是习近平同志多次引用的另一句话”。②人民网《治大国如烹小鲜——了解国情，科学施政》（《平易近人——习近平的语言力量》·诗文引用篇）一文中提到“‘治大国如烹小鲜’语出老子《道德经》第六十章……”申诉理由二，此处应去掉双引号，不是直接引用老子《道德经》，而是使用习总书记的用典说法。扣0.1分。

质检：此申辩意见有理有据，是合理申辩。《道德经》里确实用的是“若烹小鲜”，若去掉引号作意引是可以的。所以认可申辩意见②，此处可算作标点符号差错，计0.1分。

案例七：“等1991.7平方米”应改为“等于991.7平方米”，丢字并且数据错误，合计2分。

申辩：“等于”的“于”字误排成数字“1”，建议计1处。

质检：认可申辩意见，此处可算作别字，计1分。

三、被部分认可的申辩案例

除了认可与不认可，还有些申辩虽然不准确，但是有一定的参考意义，对此种情况，质检人员可能会吸纳部分意见。

案例八：“夜晚，在小河边、树阴下，银光闪闪的萤火虫飞来飞去”，夜晚是无“树阴”的，所以此处为知识性错误，计2分。

申辩：夜晚的月光或星光下也是有树阴的。

质检：根据《现代汉语词典》（第7版）解释，“树阴”是“树木枝叶在日光下所形成的阴影”，文中描写的不是白天而是夜晚，申辩理由不准确。但是考虑到树木在月光下确实有影子，可将“树阴”作为“树影”的别字计错，计分降为1分。

案例九：图中“火车928次”，应该改为“火车G28次”，计1分。

申辩：该处为小写拼音字母 g，此处出现于思维导图中，是一种手写体的示例。

质检：经过辨认，图中并非小写字母 g，而是数字 9，此处是错。但是考虑到“g”与“9”的确相似，此处可按“字母与其他符号混用”计错，计分降为 0.5 分。

从上述案例可以看出，出版单位（部门）应高度重视申辩工作，不仅要熟知质检的依据，更要具有查阅资料的能力。总之，申辩意见应科学、客观，才能达到最佳的申辩效果。

质检者与出版者不是对立的矛盾体，而是图书出版质量保障环节上分工不同的主体，在希望行业持续健康发展这一根本目标上，质检者与出版者是一致的。无论是初审、复审还是三审，都不可避免地存在认知局限，而“申辩”是打破这种局限的重要手段，只有经过了出版单位（部门）的质疑，检查结果才更公正、更权威。

（作者系编审，供职于中宣部质检中心，《图书编校质量差错判定和计算方法》执笔人）

错例篇

科学技术类差错

一、知识性差错

（错例 1）改革开放三十年来，随着农村居民收入的增长，农村居民耐用消费品发生了巨大变化。 〔四十多年〕

错因分析：知识过于陈旧。如果前后文没有交代时间，那么应该以出版时间作为当下时间来看待。

（错例 2）2008 年 5 月，全长 36 千米的杭州湾跨海大桥建成通车，这是世界上最长的跨海大桥。 〔当时〕

错因分析：知识过于陈旧。之后已有新的跨海大桥打破该纪录。

（错例 3）蚕豆具有健脾利湿、治水肿止血、止泻及一定的抗肿瘤功效，可治膈食、肾炎、疮毒等症。

错因分析：蚕豆是一种食物，不能代替药物治病。

修改建议：蚕豆具有健脾利湿、消肿止血等功效，对缓解膈食、肾炎、疮毒等症有一定帮助。

（错例 4）大豆是世界上最重要的豆类，其营养价值很高，是数百种天然食物中最受营养学家推崇的一种。 〔之一〕〔颇〕

错因分析：表述太绝对。

（错例 5）芹菜花是伞形科芹属一年生或二年生草本植物。

错因分析： 芹菜是伞形科芹属一年生或二年生草本植物；芹菜花则是花毛茛的别称，为毛茛科毛茛属多年生草本花卉。两者是不同的植物。

除病毒外

（错例 6） 地球上生物种类繁多，所有生物都是由细胞组成的。

错因分析： 病毒是一类特殊的生物，没有细胞结构。

球果

（错例 7） 针叶树属于裸子植物，它的树叶像针一样细长而尖，果实呈圆锥状，所以也被称为球果植物。

错因分析： 果实是被子植物特有的结构，裸子植物只有种子没有果实。球果不属于果实，它的外面没有果皮包被，由木质化的鳞片组成，属于大多数裸子植物具有的生殖结构。

$FeCl_3$

（错例 8） 印刷电路板由高分子材料和铜箔复合而成。制作印刷电路板时，工业上常用氯化亚铁（$FeCl_2$）溶液作为“腐蚀液”。

错因分析： 此处所讲的“腐蚀液”是氯化铁（$FeCl_3$）溶液，发生的化学反应方程式为：$Cu + 2FeCl_3 \rightarrow CuCl_2 + 2FeCl_2$。

顺

逆

（错例 9） 实验中，在使用电压表之前，应先对电压表指针进行调整。若指针指在“0”刻度线左侧，则逆时针旋转调零螺丝；若指针指在“0”刻度线右侧，则顺时针旋转调零螺丝。

错因分析： 此处将顺时针和逆时针正好搞反了。

（错例 10） 沃森和克里克完善了富兰克林和威尔金斯关于“DNA 中的磷酸根在外侧，碱基在内侧”的设想，提出了 DNA 双螺旋结构。他们因这一发现而获得了 1962 年的诺贝尔奖。

错因分析： “他们”并不包括富兰克林。富兰克林因病已于 1958 年去世，他不是诺贝尔奖获得者。此处的描述容易让读者产生误解。

修改建议：沃森和克里克完善了富兰克林和威尔金斯关于“DNA 中的磷酸根在外侧，碱基在内侧”的设想，提出了 DNA 双螺旋结构。沃森、克里克和威尔金斯三人因这一发现而获得了 1962 年的诺贝尔奖，富兰克林因病于 1958 年去世，未能分享到这一成功的喜悦。

（错例 11）通过血液循环，人体摄取的营养物质和氧气可以被运送到身体的各个部位，血液再将体内产生的代谢废物和二氧化碳运送到排泄器官。

错因分析：二氧化碳属于代谢废物。

二、专有名称、名词差错

（错例 1）禾谷镰刀菌的寄主范围非常广泛，它能够浸染多种植物，尤其是小麦、水稻等禾谷类作物。

侵

错因分析：《现代汉语词典》（第 7 版）“浸染”释义：逐渐沾染或感染；液体渗入而使染上颜色或被污染。“侵染”则是农学名词，植物保护专业用语，指细菌、病毒等侵入并感染机体的过程。

根据上下文，此处是指禾谷镰刀菌这一病菌侵入并感染多种植物，应该用“侵染”一词。

（错例 2）选用 40%多酮 100 g/667 m^2 对该病进行防治。

多 · 酮

错因分析：根据农药登记制度，未有“多酮”这一药物，而“多 · 酮”是指多菌灵和三唑酮的复配剂。因此，“多”和“酮”之间应该加间隔号。

（错例 3）绿脓杆菌的致病力与菌体结构、代谢产物有关。

铜绿假单胞菌

错因分析：“绿脓杆菌”是铜绿假单胞菌的俗称。

红细胞

（错例 4）红血球是血液中数量最多的一种血细胞，也是脊椎动物体内通过血液运送氧气的最主要的媒介，同时还具有免疫功能。

错因分析：“红血球”是红细胞的旧称。

酯

（错例 5）可利用氨基甲酸脂类农药进行检测。

错因分析：《现代汉语词典》（第 7 版）“脂”释义：动植物所含的油质；胭脂。“酯”释义：有机化合物的一类，酸分子中能电离的氢原子被烃基取代而成的化合物，是动植物油脂的主要部分。

氨基甲酸酯是一类氨基直接与甲酸酯的羰基相连的化合物，所以此处应该用“酯”。

摩尔吸光系数

（错例 6）吸附物吸收的摩尔光系数 ε 在农药残留抑制生化反应中有一个影响因素，即显色系数 θ。

错因分析：“摩尔吸光系数”是专有名词，指物质对某波长的光的吸收能力的量度。

相对分子质量

（错例 7）当辐照剂量达到一定值时，一些分子量小的直链淀粉可能因发生接枝反应而形成新的短链支链淀粉。

错因分析：《物理化学和分子物理学的量和单位》（GB/T 3102.8—1993）指出：相对原子质量以前称为“原子量”，相对分子质量以前称为“分子量”。

黄

（错例 8）从事工业硫磺的生产、运输、贮存及再加工的工作人员，操作时应使用必要的防护用品。

错因分析：《现代汉语词典》（第 7 版）“硫磺”释义：硫黄旧也作硫磺。

（**错例 9**）芸苔为一年生或二年生草本植物。

芸薹

错因分析：《现代汉语词典》（第 7 版）“芸薹”释义：油菜。

（**错例 10**）帕金森是一种常见的神经系统变性疾病，老年人多见，平均发病年龄为 60 岁左右，40 岁以下起病的青年帕金森病较少见。

病

错因分析：“帕金森病”才是病名，为专有名词。

（**错例 11**）手脚冰凉与甲状腺功能减退症、贫血等代谢性疾病有关。

错因分析：贫血是血液系统疾病，不是代谢性疾病。

修改建议：手脚冰凉与甲状腺功能减退症等代谢疾病有关，贫血也会导致手脚冰凉。

（**错例 12**）心脏病、高血压、高血脂患者可能在暴饮暴食后发生急性心梗。

高脂血症

错因分析：高血脂是一种疾病表现，作为疾病名称应该是“高脂血症”。

三、量和单位、科技符号、字母形式差错

（**错例 1**）他们发现，炎热的夏天里，一般来说，桉树温度比周围环境约低摄氏 2 度。

2 摄氏度

错因分析： 单位名称被拆开使用了。《国际单位制及其应用》（GB 3100—1993）规定："单位名称和单位符号都必须作为一个整体使用，不得拆开。如摄氏度的单位符号为℃，20 摄氏度不得写成或读成摄氏 20 度或 20 度，也不得写成 20° C，只能写成 20 ℃。"

Ⅰ～Ⅳ

（错例 2） 当辐照剂量为 9 kGy 时，鸡肉中喹乙醇代谢物和蛋液中苏丹红I～IV的降解效果非常显著。

错因分析： 误将罗马数字表述成了英文字母。两者写法上比较相近，但有区别，应注意输入的准确性。

mg/(kg·d)

（错例 3） 致畸研究显示，妊娠大鼠口服本品 150 mg/kg/d，对胎仔没有致畸作用。

错因分析： 单位符号中用了两条斜线。《国际单位制及其应用》（GB 3100—1993）规定："除加括号避免混淆外，单位符号中的斜线（/）不得超过一条。在复杂的情况下，也可以使用负指数。"

L CO_2

（错例 4） 将 4.48 LCO2 通过一定质量的固体 Na_2O_2 后，收集到的质量是（　　）g。

错因分析： 问题出在 LCO2，且含有两个错点：① L 为单位升的符号，与后面字母 C 应该有间空；② CO2 为二氧化碳的分子式，数字 2 应该作为下标。

37 ℃

（错例 5） 在37℃左右，酶的分解能力最强，化学反应速度最快。

错因分析： "37"与"℃"之间应该留有空隙。《有关量、单位和符号的一般原则》（GB/T 3101—1993）规定："表示量值时，单位符号应当置于数值之后，数值与单位符号间留一空隙……唯一例外为平面角的单位度、分和秒，数值和单位符号之间不留空隙。”《图书编校质量差错认定细则（修订版）》对差错举例：“书写量值时，数值与单位符号间未留适当空隙，或把单位插在数值中间。如：15mol 应为 15 mol，1m75 应为 1.75 m 或 175 cm，10s01 应为 10.01 s。”

（错例 6）该城市常见的高层办公楼造价为 2000 元 / 平方米，常见的高层住宅造价为 1800～2000 元 / 平方米。

元 / 米 ^{2}

错因分析：“平方米”为单位名称，“/”为符号，这里符号和名称混用了。《国际单位制及其应用》（GB 3100—1993）规定：“书写组合单位的名称时，不加乘或（和）除的符号或（和）其他符号。”换言之，如果组合单位中必须要有符号，那么就不能用单位名称，而应该用单位符号。《图书编校质量差错认定细则（修订版）》对差错举例：“使用既不是单位名称也不是中文符号的‘符号’，如‘牛顿 / 平方米’的写法是错误的。如果是压强单位的名称，则应为‘牛顿每平方米’；如果是压强单位的中文符号，则应为‘牛 / 米 ^{2}’或‘牛 · 米 $^{-2}$’。”

（错例 7）该地葡萄单产约为 123 吨 /hm ^{2}，售价为 16～24 元 /kg。

t / hm ^{2}

错因分析：《国际单位制及其应用》（GB 3100—1993）规定：“不应在组合单位中同时使用单位符号和中文符号；例如：速度单位不得写作 km/ 小时。”但是，非物理量的单位（如元、次、人等）可以与英文单位符号构成组合单位。所以，本例中“元 /kg”的写法没有问题。

（错例 8）你所测得的数据是否为 57.3 J/mmol？若不是，则请分析产生误差的原因。

kJ / mol

错因分析：《国际单位制及其应用》（GB 3100—1993）规定：“组合单位的倍数单位一般只用一个词头，并尽量用于组合单位中的第一个单位。”“例如：力矩的单位 kN · m，不宜写成 N · km。”“当组合单位分母是长度、面积和体积单位时，分母中可以选用某些词头构成倍数单位。”

Mb

（错例 9）人类大部分基因的长度约是 3000 bp，最长的约有 2.4 kb。

错因分析： bp、kb 和 Mb 的关系是：1 Mb=1000 kb=1 000 000 bp。原句中 2.4 kb 即 2400 bp，显然不符合题意。

cm

（错例 10）花生栽培的行株距一般为（25～35）×（15～30）cm。

错因分析： “行株距”是指行距和株距，所以两者数据后面都应该加上单位符号。

IbMIPS1

（错例 11）将 IbMIPS1 基因导入这些甘薯品种中，过表达 IbMIPS1 基因显著提高转基因甘薯植株的耐盐性、抗旱性和茎线虫病抗性。

错因分析： 此处基因名应该用斜体，而非正体。

Ipomoea trifida

Ipomoea batatas

（错例 12）近年来，随着测序技术和组学技术的发展以及甘薯二倍体近缘野生种 Ipomoea trifida 和六倍体栽培种 Ipomoea batatas 全基因组测序的完成，越来越多块根发育相关的基因被克隆出来。

错因分析： 此处表示植物属名和种名，应该用斜体。

96 900

（错例 13）当辐照剂量在 1.0 kGy 以上时，各蛋白溶液中，除相对分子质量大于 96.9 kDa 的蛋白含量增加外，其余各蛋白含量普遍减少。

错因分析：错例中“k”表示千，“Da”为道尔顿，实际上相对分子质量的单位只能是“1”。

（**错例 14**）该企业根据战略发展需要，拟投资 50 万设立全资子公司。

元

错因分析：缺少单位。

四、数字和数据用法差错

（**错例 1**）该市高新技术企业约有504家。

500

错因分析：“504”是一个很精确的数字，不适合表示约数。也可保留“504”，去掉“约”。

（**错例 2**）九个人一组在扇形区域内运球并抢别人的球，同时注意保护好自己的球。球被拍出扇形区域的同学站在小圈内运球。1 分钟内，球被拍出的同学罚做 5 个俯卧撑。

9

错因分析：汉字数字和阿拉伯数字混用。应结合上下文，统一成一种形式。如以描述性文字为主，可统一成汉字数字表述；如以统计、计算等科技性内容为主，则可统一成阿拉伯数字表述。

（**错例 3**）该地全年粮食总产量为 13.7×10^4 t。

1.37×10^5 t

错因分析：科学计数法是指把一个数表示成 a 与 10 的 n 次幂相乘的形式（$1\leqslant a<10$，n 为整数）。

（**错例 4**）距今 1～1.2 万年前，由于气候温暖潮湿，海面上升，海水入侵，整个平原成为一个潟湖。

万

错因分析：“万”是表示倍数单位时的词头，不可随便省略，否则语义差别太大。类似的情况还有“亿”“兆”“%”等。

（**错例 5**）全区土壤质地及占比分别为：沙壤，占 2.0%；轻壤，占 1.6%；中壤，占 6.0%；重壤，占 70.0%；轻黏，占 17.2%；中黏，占 1.9%。

错因分析：2.0% + 1.6% + 6.0% + 70.0% + 17.2% + 1.9% = 98.7%。总和应为 100%。

（**错例 6**）全区土地面积 106 700 hm^2……全区共有水面积 16 947 hm^2，占土地总面积的 16.44%。

15.88%

错因分析：16 947 ÷ 106 700=15.88%。

（**错例 7**）国家统计局 10 月 14 日发布数据，9 月份，全国居民消费价格指数（CPI）同比上涨 0.7%，涨幅比上月回落 0.1%。

个百分点

错因分析：% 通常用来描述实际量的变化情况，百分点通常用来描述百分数的变化。该例中居民消费价格指数同比变化，是两个百分数之间相减的差值，所以应该是 0.1 个百分点而不是 0.1%。

（**错例 8**）2019 年山东省乡村产业振兴交流会在潍坊举行，全省参加此次大会的“带头人”大约有 300 位左右。

错因分析：“大约”和“左右”都是约数，此处语义重复了。直接去掉“大约”或“左右”中的一个即可。

（**错例 9**）如果按照 10 个/d 的速度背熟单词，那么在考前的 80 d 你还能积累新单词 800 个。今天是第 1 d，开始努力吧！

天

错因分析：“第 1 天”不应写成“第 1 d”，因为这里的“天”不是计量单位；只有计量单位的“天”（等于 24 h）才可使用单位符号 d。

（错例 10）阅读下面的材料，根据要求写一篇不少于 800～900 字的文章。

错因分析：“不少于”后面应该用具体的数值，而非数值范围。

（错例 11）他所在的乡村人口约 2 万人，其中 3 千人年均收入已超过 10 万元。

错因分析：“万”前面可以直接用阿拉伯数字，但“千”没有这个用法。故“3 千”应该改成“3000”或“0.3 万”，也可上下文一致改成汉字数字如“两万”“三千”的表述。

（错例 12）为了预防洪涝灾害，提高农作物收成，该地政府于 20 世纪五、六十年代兴修水利。

错因分析：汉字数字连用表示概数，中间不加顿号。

五、插图、表格差错

（错例 1）

时钟

错因分析：2∶30 的时候，时针指向的位置应该在 2 和 3 的正中间。

修改建议：

（错例 2）

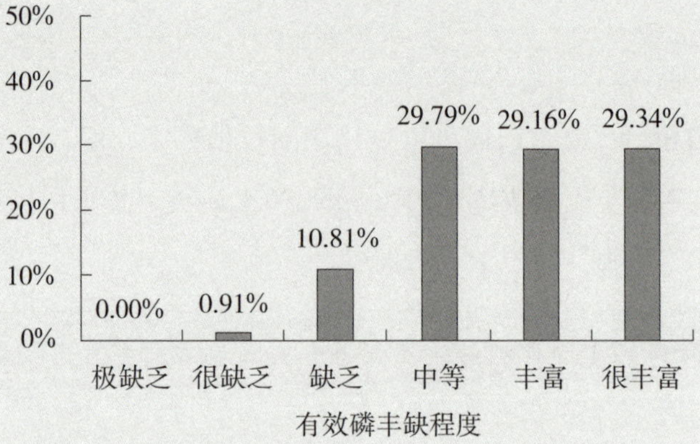

图 4-3　土壤有效磷等级分布频数

错因分析： 0.00%+0.91%+10.81%+29.79%+29.16%+29.34%=100.01%，超过 100% 了。

（错例 3）

表 1-2　某市主要气象指标的常年平均值

指标　　　　时间	全年	春季	夏季	秋季	冬季
平均气温（℃）	16.2	14.8	26.7	18.1	5.1
平均降水量（毫米）	1174.9	263.4	544.3	211.9	155.3
平均日照时数（h）	1892.2	474.9	561.5	473.8	382
辐射量（千卡 /cm^2）	30.33	38.28	25.06	19.03	112.7

错因分析： 根据《学术出版规范 表格》（CY/T 170—2019）规定，该表格有以下几处错误：① 表头中不应使用斜线。② 单位应统一用中文或英文符号。③ 表头中量和单位的标注形式应为“量的名称或符号 / 单位符号”。④“千卡”为非法定计量单位，应该用“千焦”的单位符号“kJ”，并对相应的数据进行换算。⑤ 同一项目，小数点位数应该一致。

修改建议：

表 1–2 某市主要气象指标的常年平均值

指标	全年	春季	夏季	秋季	冬季
平均气温 /℃	16.2	14.8	26.7	18.1	5.1
平均降水量 / mm	1 174.9	263.4	544.3	211.9	155.3
平均日照时数 / h	1 892.2	474.9	561.5	473.8	382.0
辐射量 /（$kJ \cdot cm^{-2}$）	471.75	126.96	160.23	104.90	79.66

（错例 4） 在森林防火中，如果该森林比较茂密，则应采取四面打的形式（图 2–1）；如果该森林分布稀疏，则应进行散开打（图 2–2）。

图 2–1 密林火四面打

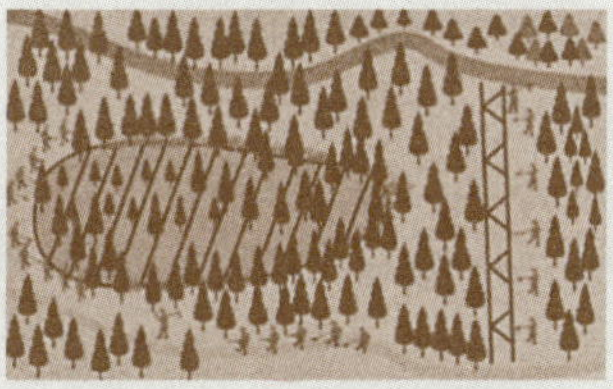

图 2–2 疏林火散开打

错因分析： 错例中图 2–1 是疏林的图片，而图 2–2 则是密林的图片。属于图文不对应。

修改建议： 将两图互换位置，但图题不动。

（错例 5） 赛龙舟是端午节的传统活动。下列 v–t 图像和 x–t 图像描述了五条相同的龙舟从同一起点线同时出发，沿长直河道划向同一终点线的运动全过程，其中能反映龙舟甲与其他龙舟在途中出现船头并齐现象的有（　　）

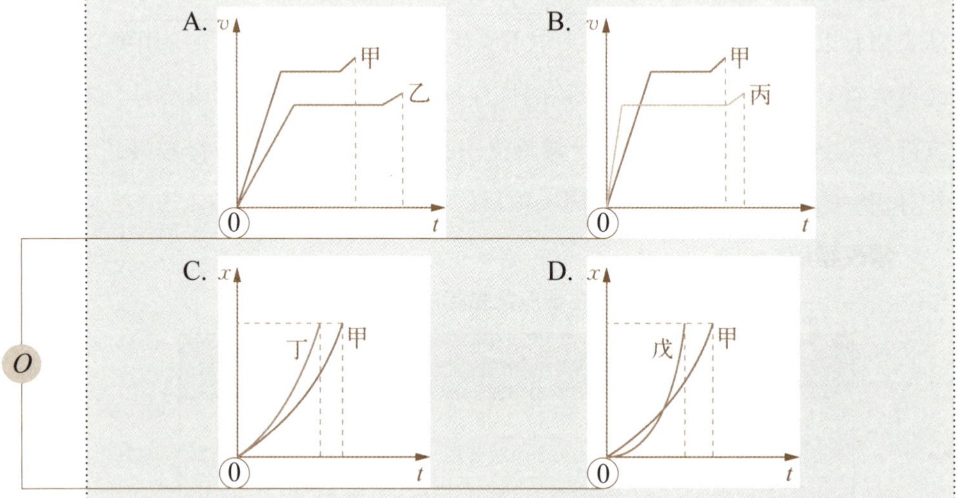

错因分析：《学术出版规范 插图》（CY/T 171—2019）规定："如果坐标轴表达的是定性的变量，即未给出标值线和标值，坐标原点应用字母'*O*'标注，在坐标轴的末端应按照增量方向画出箭头，标目可排在坐标轴末端的外侧。如果坐标轴上已给出标值线和标值，坐标原点应用阿拉伯数字'0'或实际数值标注，不宜画出表示增量方向的箭头，标目应与被标注的坐标轴平行，居中排印在坐标轴和标值的外侧，标注形式应用'量的符号或名称 / 单位符号'。"此坐标轴表达的是定性的变量，因此坐标原点应标为斜体字母"*O*"。

（错例 6）2005 年，全国农民负担税费总额下降到 324.20 亿元，人均税费下降到 35.69 元，分别比 2000 年峰值期减少了 935.40 亿元和 105.73 元，降幅分别达到 74.26% 和 74.76%（表 4–4）。

表 4－4　2000—2005 年全国农民负担情况

年份	农民负担税费 / 亿元	人均税费 / 元	人均税费分类 / 亿元				劳均两工 / 个
			农业税	三提五统	社会负担	以资代劳	
2000	1 259.60	141.42	34.23	66.20	34.68	6.31	16.30
2001	1 200.90	134.93	35.18	60.19	35.06	4.50	16.20
2002	1 030.50	115.80	46.70	41.20	23.70	4.20	10.50
2003	869.30	96.60	45.60	29.50	19.10	2.40	8.30
2004	581.70	64.50	22.20	23.30	17.60	1.40	2.10
2005	324.20	35.66	1.30	19.20	14.10	1.06	1.30

错因分析：表格中 2005 年人均税费数值与正文描述不一致，哪怕只差 0.01 也不可。

修改建议：表格中数值与正文一致。

（错例 7）2012—2017 年江苏省主要小麦品种种植面积变化见表 5–17。

表 5–17　2012—2017 年江苏省主要小麦品种种植面积（单位：万亩）

品种	2017 年	2016 年	2015 年	2014 年	2013 年	2012 年
宁麦 13	350.6	344.1	305.6	276.2	256.6	139.5
扬麦 16	237.8	282.4	349.68	448.8	529.6	523.4
扬辐麦 4 号	166.1	212.1	194.2	116.9	97.4	61.8
扬麦 20	108.8	142.8	145.5	91	9.3	
扬麦 23	80.7	30.9				
宁麦 14	61.3	61	55.4	67.4	60.9	43.7
扬麦 13	43.7	84.1	118	179.8	196.4	254.8

错因分析：该表出现了三类差错：① 统一单位的标注形式有误；② 表示同一量的数值修约数位不一致；③ 空白处表示数据无法获得，未用“—”表示。

具体参见《学术出版规范 表格》（CY/T 170—2019）规定：

4.2.3.5 表格中涉及的单位全部相同时，宜在表的右上方统一标注。

示例：单位统一标注形式

单位：mm

类型	长度	内圆直径	外圆直径

4.2.4.2 表身中同一量的数值修约数位应一致。如果不能一致，应在表注中说明。

4.2.4.4 表身中单元格内可使用空白或一字线“—”填充。如果需要区别数据“不适用”和“无法获得”，前者可采用空白单元格，后者可采用一字线，并在正文或表注中说明这种区别。

六、辅文差错

（错例 1）参编人员（以姓氏拼音为序）

崔龙文　高红艳　郭佳佳　解成林　李云竹　孙　静　田文峰　王　洁　周文明

错因分析：“解”作为姓氏时读“xiè”，此处排序错误，“解成林”应排在“王洁”之后。类似情况还有“仇”“曾”“单”等汉字作为姓氏的用法。

（错例 2）参考文献

解备涛、王庆美等 . 植物生长调节剂对甘薯产量和激素含量的影响 [J]. 华北农学报，2016. 31(001): 155-161.

错因分析：《信息与文献　参考文献著录规则》（GB/T 7714—2015）对参考文献中“，”用法的规定为：“用于同一著作方式的责任者、‘等’‘译’字样、出版年、期刊年卷期标识中的年和卷号前。”该标准对著作责任者人数的规定为："著作方式相同的责任者不超过3个时，全部照录。超过3个时，著录前3个责任者，其后加'，等'或与之相应的词。"

修改建议：解备涛，王庆美，张海燕，等. 植物生长调节剂对甘薯产量和激素含量的影响[J]. 华北农学报，2016，31(001)：155-161.

（错例3）参考文献

敬夫. 施N期对甘薯不同品种产量、营养吸收及品质形成的影响[D]. 西南大学硕士学位论文，2017.

重庆：西南大学

错因分析：《信息与文献　参考文献著录规则》（GB/T 7714—2015）规定：参考文献中，［D］表示学位论文。只需标注学位授予单位即可。

（错例4）参考文献

HATHER JG, KIRCH PV, 1991. Prehistoric sweet potato (Ipomoea batatas) from Mangaia Island, central Polynesia [J]. Antiquity, 65:887-893.

错因分析：《信息与文献　参考文献著录规则》（GB/T 7714—2015）规定："欧美著者的名可用缩写字母，缩写名后省略缩写点。"并有举例：FORDHAM E W, ALI A, TURNER D A……所以该例中的缩写名之间应该有间空。另外，该错例中括号内的 Ipomoea batatas 是指甘薯的拉丁名，应该用斜体。

修改建议： HATHER J G, KIRCH P V, 1991. Prehistoric sweet potato (*Ipomoea batatas*) from Mangaia Island, central Polynesia [J]. Antiquity, 65: 887-893.

（错例5）版权页

开　本　718×1000 mm　1/16

mm

错因分析： 开本尺寸需要长和宽两者的数据，每项后面都不能缺单位。

七、表述性差错

（错例 1） 脱氧核糖核酸，简称 DNA。

英文

错因分析： “脱氧核糖核酸”是中文名，“DNA”是英文字母组合，只能说是英文的缩写。《现代汉语词典》（第 7 版）“DNA”释义：脱氧核糖核酸，英文 deoxyribonucleic acid 的缩写。

降低

（错例 2） 若淮北的大豆品种引种到淮南，则易造成结荚能力和籽粒大小减小，单位面积产量降低。

错因分析： 搭配不当。

含量

（错例 3） 大豆出苗到分枝期间，处于扎根时期，土壤水分不能过高，否则根系不下伸。

错因分析： 搭配不当。

最大时

（错例 4） 我国甘薯最高年份种植面积曾达到年产 1000 万公顷。

错因分析： 搭配不当。

juvenile hormone,

molting hormone,

（错例 5） 咽侧体分泌的保幼激素（JH）和前胸腺分泌的蜕皮激素（MH）相互平衡、协调地对幼虫的发育、蜕皮和蛹化发生作用。

错因分析： 对中文名进行英文简称备注时，应先备注英文全称。

减

（错例 6） 一般而言，坚果单果重随着坚果负载量的增加而较小。

错因分析： 搭配不当。

（错例 7） 高铁每小时时速一般在 250 千米至 350 千米之间，大大方便了人们出行。

错因分析： “时速”的“时”即指每小时，故“每小时时速”存在语义重复。

（错例 8） 时间：2019–10;

地点：江苏省南京市六合区……

2019 年 10 月

错因分析： 年月日完整时可以简写，如“2011 年 9 月 6 日”可以简写成“2011–9–6”或“2011–09–06”；年月日不完整时不可以简写，如“2008 年 6 月”不可以写成“2008–6”。见《出版物上数字用法》（GB/T 15835—2011）相关规定。

（编写：沈燕燕）

人文社科类差错

一、文字差错

琢磨

（错例 1）它思想性很强，能让人深入地品味，不尽地捉摸，而且不断有新的体会。

错因分析：《现代汉语词典》（第 7 版）“捉摸”释义：猜测，预料。“琢磨”（zuómo）释义：思索，考虑。本例中，与前文“品味”对应的文义是“思考”，“猜测”“预料”无法使文义连贯。

分

（错例 2）旨远，言其意深，意深就有份量。

错因分析：《现代汉语词典》（第 7 版）“分量”释义：重量。本例中，应使用“分量”。见《第一批异形词整理表》。

（错例 3）被问及此事，陈经理罔顾左右而言他。

错因分析：成语“顾左右而言他”出自《孟子 · 梁惠王下》“王顾左右而言他”，意为齐宣王环顾左右的人，把话题扯向别处，形容故意回避难以答复的问题。常见将现代汉语中的“罔顾”一词与此成语杂糅的错误用法；“罔顾”意为不顾，并非成语中的“环顾”之意。此例中也可将“罔”改为“王”。

粲

（错例 4）说来无非茶余饭后博君一灿。

错因分析：“粲”，本义为雪白的米，人笑时会露出粲一样的牙齿。故“粲”引申指笑，“博君一粲”即博人一笑。

（错例 5）明天我家乔迁，我得请一天假。

搬家

错因分析：“乔迁”一词，出自《诗经·小雅·伐木》：“伐木丁丁，鸟鸣嘤嘤；出自幽谷，迁于乔木。”鸟儿从幽谷飞上高大的树木，借指人搬入新居或升职，多用于祝贺。

（错例 6）堂堂一介城主，为何如此软弱？

错因分析：“介”通“芥”，原指小草，用于人，相当于“个”，多表示微贱，如“一介武夫”“一介书生”等。例句中将“城主”冠以“一介”，明显不当。

（错例 7）他住在海边的小屋里，过着悠哉悠哉的生活，每天就是喝喝茶，享受海风轻拂。

优哉游哉

错因分析：“悠哉悠哉”出自《诗经·关雎》“悠哉悠哉，辗转反侧”，指忧思而非悠闲；“优哉游哉”出自《诗经·小雅·采菽》“优哉游哉，亦是戾矣”，形容从容不迫、悠闲自在的样子。

（错例 8）风波平息之后，申凤梅被再次启用。

起

错因分析：“启用”是开始使用的意思，对象多为物；“起用”指重新任用已退职或免职的官员，也指提拔使用。

（错例 9）他的公司创立于 20 世纪 80 年代末叶。

错因分析：“叶”指较长时期的分段，如“19 世纪中叶”“唐朝末叶”。此处时间段很短，应删去“叶”。

（错例 10）父母把他过继给城里一户富裕人家。

送给了

错因分析：“过继”是一种民间说法，通常指发生在宗亲间的送养和收养行为。此句中的收养人与孩子的生父母没有亲缘及宗族关系，不应用“过继”一词。

二、一般政治性差错

英国殖民统治下的

（错例 1）英国殖民地香港

错因分析：1972 年 3 月，中国常驻联合国代表致函联合国非殖民化特别委员会，指出香港和澳门是被英国和葡萄牙当局占领的中国领土的一部分，解决香港、澳门问题完全是属于中国主权范围内的事，根本不属于通常的“殖民地”范畴。同年 11 月，联合国大会通过了关于将香港、澳门从殖民地名单上除去的决议。港英政府对香港实行殖民统治，并不等同于“殖民地”概念。

无效

所谓

（错例 2）“日台和约”是有效的。

错因分析：违背一个中国原则。

宣布脱离清政府统治

（错例 3）上海光复后，尚未改为中国银行的上海大清银行……

错因分析：《现代汉语词典》（第 7 版）“光复”释义：恢复（已亡的国家）；收回（失去的领土）。错例中的背景为辛亥革命时期，而辛亥革命是国内革命，使用“光复”不恰当。

我国

（错例 4）还利用了美国斯坦福大学胡佛研究所收藏的蒋介石日记、台湾地区收藏的蒋介石档案及稀见报刊、人物资料等新资料。

错因分析：台湾是我国的一个省，不能与美国并列，故“台湾地区”一词前须加“我国”二字，即“我国台湾地区”。

（错例 5） 知道“伪满洲国”历史的人可能很少。

“滿洲国”

错因分析： “伪”字与引号在表示否定意味时，功能等同，加其一即可。

（错例 6） 遗憾的是，经过了 8 个月的战斗，日本海军兵力的损耗愈发严重，而美军的海空兵力却在增加。

错因分析： 此处表述有对日军兵力损耗严重感到惋惜的情感色彩，政治立场不正确。

（错例 7） 但是在 17 世纪满清征服中国时，效仿颜楷的运动又得以复兴。

清王朝入主中原

错因分析： “满清”属禁用词（引用历史文献不便改动的除外）。《国务院关于今后在行文中和书报杂志里一律不用“满清”的称谓的通知》（1956–02–18）指出：“‘满清’这个名词是在清朝末年中国人民反对当时封建统治者这一段历史上遗留下来的称谓。在目前我国各民族已经团结成为一个自由平等的民族大家庭的情况下，如果继续使用，可能使满族人民在情绪上引起不愉快的感觉。”

（错例 8） 珠穆朗玛峰位于西藏和尼泊尔边界上。

中国

错因分析： 尼泊尔是国家，西藏是我国的自治区，不应将我国的地区与其他国家并列。

（错例 9） 10 月 18 日午前 4 时，日军铁甲车队抵达漳河北岸，此时我军已将漳河铁桥炸毁。

凌晨 4 点

错因分析： “午前 × 时”为日式计时制，应改为我国常用的计时制。

1582 （**错例 10**）利玛窦1583年来华，此后二十八年一直在中国生活。

错因分析： 利玛窦于 1582 年到达澳门，1583 年进入广东肇庆。此处年份错误会导致将澳门排除于“华”外之政治差错。

三、人名和地名差错

崔瑞德 （**错例 1**）【英】崔德瑞编：《剑桥中国隋唐史》，中国社会科学院历史研究所西方汉学研究课题组译。

错因分析： 崔瑞德，英国汉学家，本名 Denis Twitchett，通译为“崔瑞德”。类似译名还有史景迁（Jonathan D. Spence）、周锡瑞（Joseph W. Esherick）等，有些为外国学者特意为自己取的中文名，有些为中文版出版者率先采用后逐步固定下来的译法。在处理书稿中的外文人名时，对相关学科的知名学者、知名作品，应注意多方查阅文献，采用准确的译名。

德 （**错例 2**）贲德院士出生于吉林省长春市。

错因分析： 字形接近。“德”是“德”的异体字，现代规范汉字中的“德”字在“心”上是有一横的。

凤 （**错例 3**）阮玲玉，原名风根。

错因分析： 字形接近。原名、乳名因不为人所熟知，差错易被忽略，应根据性别、籍贯等信息多加查证。

长 （**错例 4**）卜万苍，安徽天祥人。

错因分析： 字音接近。天长，县级市，位于安徽省东部。

（错例 5）他拿出了自己收藏的碧梧山庄珂罗版《雀巢画痕》。 雀

错因分析： 字形接近。这本书的作者是近代著名画家王云轩，号鹤巢，常署名“雀巢”。

（错例 6）日本新泻大学的历史可以追溯到 1870 年。 潟

错因分析： 新潟是日本的城市，因有许多潟湖而得名。“潟（xì）”指咸水浸渍的土地，而“泻”的繁体写法为“瀉”，应注意区分。

（错例 7）相比之下，西冷印社版本更清晰。 泠

错因分析： 西泠（líng），西湖名桥之一，西泠印社因坐落于西泠桥附近而得名。

（错例 8）1837 年，聘德国军官李励协（Lehmeyer）为教习。 劢

错因分析： 字形相近。此类人名须根据西文名多加关注、仔细核查。

（错例 9）蔡延平的另一重要著作是《唐诗英韵》。 蔡廷干

错因分析： 字形相近。稿面上字迹不够清晰时容易造成此类录入错误，应多加注意并仔细核红。

（错例 10）说起来，我已有二十年没回闽候了。 侯

错因分析： 应为闽侯（hòu）县，隶属于福建省福州市。

四、语法和逻辑差错

（错例 1）由于佛教认为人生是痛苦的，强调来世、涅槃，让 佛教由于

人们误解为重死轻生。

错因分析： 原句主语残缺。“由于”引领的分句，在原句中充当状语，“让人们误解为重死轻生”没有对应的主语。根据上下文判断，本句的主语是“佛教”。类似差错在口语中习见，如“通过……提高了认识”等，较为隐蔽。

（错例 2） 短短一天，三个人已写了超过十万多字。

错因分析： “累计”“至少”“最多”“超过”“达到”等词后面应跟确数，不能跟约数。此处也可删去“超过”。

（错例 3） 接送孩子入园的家长，应戴好口罩。

错因分析： 两面与一面搭配不当。“接送”是两面的，“入园”是一面的，两者无法搭配。

损害

（错例 4） 王安石改革得罪了豪强的利益。

错因分析： “得罪”与宾语“利益”不能搭配。可将“得罪”改为“损害”；也可将“的利益”删去，改为“得罪了豪强”。

病尸

（错例 5） 为了早日确诊，伍连德从病人身上抽血化验，甚至对棺材里的病人进行解剖。

错因分析： 已装入棺材的因病去世的人，作为解剖对象，不能再称为“病人”了。

（错例 6） 这份报告指出，无论是过去三十年，还是未来三十年，中国老年人口的数量将处于世界前列。

错因分析： 语义相悖。时间副词“将”表示行为或情况在以后发生，不能与过去的时间搭配。

修改建议： 这份报告指出，未来三十年，中国老年人口的数量，将与过去三十年一样处于世界前列。

（**错例 7**）家暴不再是法外之地。 庭

错因分析： 主语“家暴”与宾语“法外之地”在意义上不相对应，“家暴”是一种行为，不是场所。或者可根据句意需要将“法外之地”改为“家务事”。

（**错例 8**）正式进入公司之后，工资会逐年加薪。 增加

错因分析： “工资”与“薪”重复。

（**错例 9**）这本书籍陪我度过了最艰难的时期，幸好还有书籍！

错因分析： “书籍”是集体名词，不能接在表示个体的“这本”后面使用。

（**错例 10**）被入选的还有两个男生。

错因分析： 句中的“入选”是“当选、被选中”的意思，与句首的“被”字都表示主语是被动者，重复。

五、引用差错

（**错例 1**）“东山有白狼，西山有黄狼。”（《狼山谣》） 黄 白

错因分析： 歌词引用错误。此类歌词引文错误较为隐蔽，应留心核查原文。

燕

（错例2）“云对雨，雪对风，晚照对晴空。来鸿对去雁，宿鸟对鸣虫。”周老师的女儿才三岁，已经能背上几句《声律启蒙》了。

错因分析：鸿就是雁，拿同一事物的不同名称作对被称为“合掌”，是诗家大忌。经查，《声律启蒙》原文是“来鸿对去燕”。

杭州西湖

（错例3）就如同“水光潋滟晴方好，山色空蒙雨亦奇”会让人想起烟波浩渺的苏州。

错因分析：诗句出自苏轼《饮湖上初晴后雨二首》其二，描绘的是西湖景色。此处引用来讲苏州，是错误的。

陶行知

（错例4）“捧着一颗心来，不带半根草去。”王心丽一直把叶圣陶先生的这句话记在心里。

错因分析：叶圣陶先生是著名的现代作家、教育家、出版家和社会活动家，而文中这句话出自人民教育家、思想家陶行知先生。两位先生都是教育家且姓名中都有“陶”字，应注意辨别。

止

（错例5）国家新闻出版署印发了《关于进一步严格管理 切实防治未成年人沉迷网络游戏的通知》。

错因分析：字音相近。引用法律法规、通知、规划等文件时应注意核对原文。

兵法策略

（错例6）高启强每晚读《孙子兵法》，从中学习三十六计。

错因分析：三十六计指中国古代三十六个兵法策略，它是根据中国古代军事思想和丰富的斗争经验总结而成的兵书，成书于明清。《孙子兵法》是春秋时期孙武编纂的兵书。

（错例 7）枯木逢春犹再发，人无两度再少年。——《曾广贤文》

增

错因分析：《增广贤文》是我国古代流传甚广的蒙学读本，“增”是增加、增补的意思。

（错例 8）庄子曾说：“吾生也有涯，而知也无涯。”我们应该把有限的生命投入对无限的知识的追求中去。

错因分析：此语出自《庄子·养生主》，原句为“吾生也有涯，而知也无涯 。以有涯随无涯，殆已！”大意是：我的生命是有限的，而知识是无限的；用有限的生命去追求无限的知识，真是累人啊！与错例中想表达的意思相反。

（错例 9）鲁迅说：“有存在，便是光明。”

便有希望，有希望，

错因分析：鲁迅的原话是：“希望是附丽于存在的，有存在，便有希望，有希望，便是光明。”此处对于所引名言进行了删减，改变了原意。

（错例 10）看着眼前的景象，脑海中突然浮现出那句诗：“暖暖远人村，依依墟里烟。”

暧暧

错因分析：诗句出自陶渊明的《归园田居》其一。“暧暧（ài）”，昏暗、模糊的样子。

（编写：赵　婘）

英语翻译类差错

一、英语文字与版式差错

guard

（错例 1）Someone can teach me how to be a good guide（后卫）.

错因分析： 根据原句单词后的括注“后卫”，此处 guide 应改为 guard。根据《牛津高阶英汉双解词典》，guard 可以指篮球运动中的后卫队员，guide 无此义。

congenial

（错例 2）We have a congenital working environment.

错因分析： congenital 意为“先天的；天生的”，congenial 意为“相宜的；适合的”。根据句意判断，此处是指“我们有一个宜人的工作环境”。

artistic

（错例 3）She comes from a very artisitic family.

错因分析： 此处 artisitic 为拼写错误，正确拼法应为 artistic。

spoken

（错例 4）He had spoke to Eric briefly.

错因分析： 动词 speak 的过去式为 spoke，过去分词为 spoken，此处时态为过去完成时，应使用过去分词 spoken。

Pross

（错例 5）This memorial website was created in memory of Harry pross, 81, born on September 12, 1895 and passed away on December 28, 1976.

错因分析： 英语中的人名首字母应大写，此处的 Harry pross 应为

Harry Pross，字母 P 大写。

（错例 6）the Hexi corridor

Corridor

错因分析：“河西走廊”的英文名是一个完整的专有名词，Hexi 和 Corridor 首字母均要大写。

（错例 7）In the past decade, our lifestyle has undergone a big transfo-rmation.

错因分析：英文如在行末，转行时尽量不要将一个单词拆开；如确实需要断词转行，应按照音节或构词断开单词，并要添加英文连字符，连字符必须跟在断开词的前半部分，处于该行的末尾。此处转行时，连字符应加在两个音节之间：transfor-mation。

本身带有连字符的合成词断词时，要在连字符处断开，一般不要再增加新的连字符。断词时，不要把单个字母放在一行的行末或行首。英文中的单音节词、人名、缩写词不能断词；阿拉伯数字及其后紧跟的单位符号也不能断开。

（错例 8）Traditional Chinese Medicine,Western Science , and the Fight Against Allergic Disease

错因分析：此句中 Western 与前面的逗号之间少了一个空格，Science 与其后的逗号之间又多了一个空格。

（错例 9）It’s 9:45 o’clock.

错因分析：o’clock 只能与整点时间连用，此处的 9:45 不是整点时间，后面不能接 o’clock。

5:00

（错例 10）The appointment is at 17:00 p.m.

错因分析： 要区分二十四小时制和十二小时制的时间用法，p.m. 就是指下午的时间，应该和十二小时制的时间连用。

二、英语标点符号差错

.

（错例 1）One day, Mr Brown came home very late, He looked for the key to the door, but couldn't find it.

错因分析： 英语中两个完整句子之间不能用逗号连接。此处 late 后面的逗号应改为英文句号。

Red Star Over China

"Shanghai Shows Its Colours"

（错例 2）As for the novels, John likes "Red Star Over China".

（错例 3）Have you read the article *Shanghai Shows Its Colours*?

错因分析： 英语中，书名要用斜体，文章名要加双引号。错例 2 中，Red Star Over China 是一本书的名字，应用斜体而错用了双引号；错例 3 中，Shanghai Shows Its Colours 是文章名，应用双引号而错用了斜体。

177,000

（错例 4）From 2001 to 2012, about 17,7000 square kilometres of the rainforest were lost.

错因分析： 英语中，“,”可以用来分隔数字，从个位开始向高位，每三位一节把数目字分开。此句中 17,7000 中“,”的位置错误。

2.54

（错例 5）There are 2,54 centimetres to an inch.

错因分析： 英语数字中的小数点应使用句号，而非逗号。

（错例 6）Why not instead think of learning as if it were food-something so valuable to humans that they have evolved to experience it as a pleasure?

（错例 7）The Liverpool—Arsenal match ended with 2—4.

—

-

错因分析：以上两个错例均为破折号与连字符的使用错误。错例 6 中，food 之后的半句话是对前半句话的概括解释，应用破折号，但错用了连字符。错例 7 中，用于两个比赛对手之间和两个比分之间的应该为连字符，但错用了破折号。

（错例 8）I wonder how you will solve the problem?

.

错因分析：是不是使用问号要看整个句式是否为问句，而不是仅仅看句子中是否包含疑问词。错例中的句子为主从复合句构成的陈述句式，并非疑问句，所以句末的问号应改为英文句号。

（错例 9）What time does the film ...

（错例 10）How lucky ...

?

!

错因分析：省略号之后一般不再使用标点，但如果有问号和感叹号，要保留。错例 9 省略号后要补出问号，错例 10 省略号后要补出感叹号，问号和感叹号与前面的省略号之间不空格。

三、专有名词翻译差错

（错例 1）Nvwa took up a handful of earth, mixed it with water and moulded a figure in her likeness.

Nüwa

错因分析：根据相关规定，在使用罗马字母的外语中，应根据汉语拼音方案拼写中国人名和地名。根据《中国人名汉语拼音字母拼写规则》（GB/T 28039—2011），字母 ü 不能用 v 来代替，应用字母 u 上加两点的形式，因此错例中的“女娲”一词应拼写为“Nüwa”。

Ping’an

（错例 2） Zhao Pingan（赵平安）

错因分析： 中文人名译写时，凡以 a、o、e 开头的音节连接在其他音节后面时，在 a、o、e 前应使用隔音符号“’”，以免音节界限发生混淆。

Shaanxi

（错例 3） 陕西省 Shanxi Province

错因分析： 中国地名用汉语拼音方案拼写，在不加声调时有些会难以区分，比如“陕西”与“山西”，直接写成拼音都是 Shanxi，难以分辨。为了避免混淆，部分地名可用中国地名委员会认可的特殊拼法，用双写主要元音字母来表示三声，比如“陕西”应拼写为 Shaanxi。如果地名拼写已带声调，则不必双写元音字母“a”。

Qomolangma

（错例 4） Mount Everest（珠穆朗玛峰）

错因分析： 我国享有主权的疆域国界、领土领海等，均应使用我国规范译名，不得使用外国政府、媒体采用的其他外文名称。错例 4 中的珠穆朗玛峰应该使用我国规范译名 Mount Qomolangma。类似译名问题见表 1–1：

表 1–1　部分中国地名中英正误对照

正确中文名称	正确英文名称	错误中文名称	错误英文名称
钓鱼岛及其附属岛屿	the Diaoyu Island and its affiliated islands，简称 the Diaoyu (Islands)	尖阁诸岛	the Senkaku Islands; the Diaoyu Islands, also known as the Senkaku Islands
苏岩礁	the Suyan Reef	索科特拉礁	the Socotra Rock
		离於岛	the Ieodo

（续表）

正确中文名称	正确英文名称	错误中文名称	错误英文名称
东沙群岛	the Dongsha Islands 或 the Dongsha Qundao	普拉塔斯群岛	the Pratas Islands
西沙群岛	the Xisha Islands 或 the Xisha Qundao	帕拉塞尔群岛	the Paracel Islands
		黄沙群岛	the Hoang Sa Archipelago
中沙群岛	the Zhongsha Islands 或 the Zhongsha Qundao	麦克尔斯菲尔德滩	the Macclesfield Bank
南沙群岛	the Nansha Islands 或 the Nansha Qundao	斯普拉特利群岛	the Spratly Islands
黄岩岛	the Huangyan Island 或 the Huangyan Dao	斯卡伯勒浅滩	the Scarborough Shoal
		帕纳塔格礁	the Panatag Shoal
		巴约的马辛洛克	the Bajo de Masinloc
美济礁	the Meiji Reef 或 the Meiji Jiao	米斯奇夫礁	the Mischief Reef
仁爱礁	the Ren’ai Reef 或 the Ren’ai Jiao	第二托马斯暗沙	the Second Thomas Shoal
		阿云金暗沙	the Ayungin Shoal
藏南地区	Zangnan area	阿鲁纳恰尔邦	Arunachal Pradesh
冈底斯山	the Gangdise Range	外喜马拉雅山	the Trans-Himalayas
珍宝岛	the Zhenbao Island	达曼斯基岛	the Damanski Island
珠穆朗玛峰	Mount Qomolangma	埃佛勒斯峰 / 额菲尔士峰	Mount Everest
台湾	Taiwan	福摩萨 / 福尔摩萨	Formosa

ethnic minority

Initiative

（错例 5）少数民族 minority nationalities

（错例 6）“一带一路”倡议 the Belt and Road Strategy

错因分析：中文专有名词的翻译要力求准确，可以参考《中国时政话语翻译基本规范 · 英文》。错例 5，“少数民族”应译为 ethnic minority (group)；错例 6，“‘一带一路’倡议”应译为 the Belt and Road Initiative。

约翰·里德

D.H. 劳伦斯

（错例 7）John Reid　　约翰 . 里德

（错例 8）D. H. Laurence　　D·H·劳伦斯

错因分析：标示外国人名内部各部分之间的分界，用间隔号“·”，因此错例 7“约翰 . 里德”应为“约翰 · 里德”。但人名中若出现缩写字母，则缩写字母后面要用下脚圆点号，不能用间隔号，因此错例 8“D · H · 劳伦斯”应改为“D.H. 劳伦斯”。

艾奥瓦

得克萨斯

佐治亚

太子港

（错例 9）Texas 德克萨斯　Iowa 爱荷华　Georgia 乔治亚

（错例 10）王子港（Port-au-Prince）

错因分析：规范译名依据主要有三点：一是国家权威机构出版的各类人名、地名辞典，世界地图等；二是我国政府以及新华社、中央广播电视总台等主流媒体都普遍使用的译名；三是根据译名“约定俗成”的原则，对于社会各界长期以来一直使用、深入人心的译名，继续沿用，不作变动。错例 9 中的三个地名都是美国州名，根据《世界地图册》《世界地名译名词典》和中国地名委员会编写的《美国地名译名手册》，“德克萨斯”应为“得克萨斯”，“爱荷华”应为“艾奥瓦”，“乔治亚”应为“佐治亚”。

专有名词的翻译还要注意前后一致。比如，“凡 · 高”亦译“梵高”，但在同一本书稿中要统一为一种。

错例 10 中 Port-au-Prince 为海地首都。在地名中 Prince 一般译为“王子”，如“鲁珀特王子港”“威廉·亨利王子湾”“乔治王子县”等，但根据《世界地名译名词典》，海地首都的规范译名是“太子港”。

四、中文夹用英语差错

（错例 1）他当时说的是“Are you kidding me？”。

?

错因分析：中文和英文的标点符号在写法上是有区别的。简单来说，中文标点为全角字符，英文标点为半角字符（注意，英文中没有顿号）。错例中引用的英文句末用了全角的中文问号，应改为半角的英文问号。

（错例 2）请从题后所给的A，B，C，D四个选项中选择正确选项。

A、B、C、D

错因分析：中文句子内夹用两个或两个以上关系并列的英文字母、单词或词组时，中间宜使用中文顿号。

（错例 3）人工智能（Artificial Intelligence:AI）

,

错因分析：科学技术名称的英文全称与其缩略形式之间，应使用英文逗号。错例中的英文冒号应改为英文逗号。

（错例 4）“metro”和“subway”的区别是什么？

（错例 5）最后他把故事里那句The brave general died in the battle.删去了。

“

”

错因分析：中文句子内夹用英文单词或词组时，夹用的英文单词和词组不用引号标示，错例 4 中的两组双引号应删去；中文句子内夹用英文句子时，该英文句子用中文引号标示，错例 5 中的英文句子应置于中文双引号内。

（错例 6）你为什么突然问她“Are you serious?”

?

错因分析：中文疑问句中夹用英文疑问句，应以中文问号结尾，英文疑问句末尾使用英文问号，并用中文双引号标示。错例中句子末尾应补出一个中文问号。

（错例 7）面对记者的刁钻提问，外交官冷冷地回了一句“No comment!”

。

错因分析：中文句子中夹用英文感叹句，夹用的英文感叹句用中文引号标示，并保留英文感叹号；中文句末以中文标点结尾。错例中句子末尾应补出一个中文句号。

（错例 8）理解、猜想、活动、反馈、多模态、系统化模式（comprehension, hypothesis, activity, response, multimodality, systematization model: CHARMS model）

;

错因分析：英文原文自带逗号的科技名词，其缩略形式与原词之间应用英文分号，错例中误用了冒号。

（错例 9）刘心武作品《钟鼓楼》英文版出版后，宣传推广文章见诸《纽约时报》、《出版商周刊》、《柯克斯评论》（《Kirkus Review》）等主流媒体。

Kirkus Review

错因分析：中文句子内夹有英文书籍名、报刊名时，不应借用中文书名号，应以英文斜体表示。

（**错例 10**）第三篇文章的名字叫《Smartphone: A Smart Choice?》。 “ ”

错因分析：中文句子内夹有英文文章的标题，该标题使用英文正体字，用中文引号标示。

（**错例 11**）A few和 a little 都可以表示数量，但用法有所不同。 a few

错因分析：中文句子内夹用普通英文单词或词组，无论其位于中文句子的开头、中间还是末尾，首字母一律小写。

（编写：梁　健）

文学艺术类差错

一、语言文字差错

受害

（错例 1）3000 余名遇难者中的幸存者。

错因分析：《现代汉语词典》（第 7 版）“遇难”释义：遭受迫害或遇到意外而死亡。“幸存”释义：侥幸地活下来。遇难者中是没有幸存者的。句中“遇难”可根据语境，改为“受害”或“遭难”。

不顾路远

（错例 2）（从重庆）不远万里来南京探亲。

错因分析：重庆距离南京只有一千多公里，用“不远万里”一词错误。

（错例 3）一个人留着络腮胡子，粗看像《三国》《水浒》中的李逵，腋下夹着旧枕席。

错因分析：古典名著《水浒传》一百零八将中有李逵，《三国演义》中没有。

党员徽章

（错例 4）胸前那枚鲜红的党徽

错因分析：中国共产党党徽为镰刀和锤头组成的图案。能够佩戴的只有徽章。

“光顾”

（错例 5）老街经常被强盗光顾，故称其为“强盗镇”。

错因分析：《现代汉语词典》（第 7 版）“光顾”释义：敬辞，称客人来到，商家多用来欢迎顾客。此处褒词贬用，必须加引号，表讽刺。

（错例 6）据清代书籍记载，（湘鄂人）喜辛辣品，“无椒芥不下箸也，汤则多有之”，说明清代末年湖南、湖北人食辣已经成性。

成为饮食习惯

错因分析：《现代汉语词典》（第 7 版）“成性”释义：形成某种习性（多指不好的）。此案例中用“成性”错误。

（错例 7）在王老师最初的启蒙教育和教导下，我爱上了语文，爱上了文科，最终成为一名文字工作者。

错因分析：“启蒙”指使初学的人得到基本的知识。“最初的”和“启蒙”重复。

（错例 8）时间一秒一秒过去，小宝看见那黄鼠狼缓缓瘫软在地，那赤链蛇趁机蹿上去左缠右绕，欲置对手于死地而后快。

错因分析：宋苏舜钦《答韩持国书》：“被废之后，喧然未已，更欲置之死地然后为快。”“置之死地而后快”指恨不得把人弄死才痛快，形容人心肠狠毒。此处为自然界动物相杀，所以“而后快”为赘余。

二、年代或背景因素影响文意的差错

（错例 1）（军工厂）“文革”前夕整体搬迁去四川。

当时的

重庆

错因分析：20 世纪 60—70 年代中国以加强国防为中心的战略大后方建设称“三线建设”，这是国防建设和国家经济建设的重要组成部分。三线建设是中国经济史上一次极大规模的工业迁移过程，主要就是将城市中的国防工业迁入山区。1997 年成为直辖市之前的重庆，作为当时四川省重要城市，地貌以丘陵山地为主，也是此例所在文章中军工厂迁址的目的地。为避免现在的读者误会，必须加以说明。

苏维埃社会主义共和国联盟

（错例2）（诺索夫）荣获俄罗斯联邦共和国克鲁普斯卡娅国际文化奖金。

错因分析： 俄罗斯联邦共和国1991年建立。作家尼古拉·尼古拉耶维奇·诺索夫1969年获奖时苏联还没解体，所以不可能获得俄罗斯联邦共和国奖项。苏联，全称“苏维埃社会主义共和国联盟”，是存在于1922年至1991年的联邦制社会主义国家。后面“金”字系误加。

报酬

（错例3）职校学生学徒实习的工资至少不应该低于普通实习生的收入。

错因分析： 学生身份的学徒获取的报酬不能称“工资”。工资是企业给有劳动合同人员的报酬。学生实习参与企业劳动，可以视为劳务，企业可以付给劳务费用或者实习补贴，不能付给工资，以避免劳动纠纷，规范企业工资额度的合理使用。

因为脑梗死

（错例4）在剧烈地跳了一阵蹦床之后，穆齐尔患中风，不幸去世。

错因分析： “中风”系中医诊断名称。穆齐尔系欧洲人，1942年因为脑梗死病逝，用中医名称不符实情。

名

（错例5）LJ银行共设有一位董事长、一位行长以及四位副行长，其中董事长、行长以及两位副行长共四人被绳之以法。

错因分析：《现代汉语词典》（第7版）“位”释义：（量词）用于人（含敬意）。敬辞“位”不能用于被绳之以法之人。“名”为中性量词，可用。

三、内容增减产生的歧义差错

（错例 1）2009 年中国红薯的出口量为 2.6 万吨，位居世界第二。日本、韩国和中国香港是广东红薯最大的出口国和地区。

错因分析：错例明确了“中国香港”为地区，作为国内地区，可单独列出，作为供应地区。

修改建议：2009 年中国红薯的出口量为 2.6 万吨，位居世界第二。日本、韩国是广东红薯出口量居前两位的国家，香港是广东红薯销量最大的地区。

（错例 2）但他一直崇尚德国文化，对奥地利多少有一点轻视。

文化

错因分析：对应关系的语言单位不搭，前面说“德国文化”，比较的后者却是“奥地利”，应改为“奥地利文化”。

（错例 3）布尔诺是摩拉维亚的首府，原来属于奥匈帝国，现在则归入了捷克的版图。

南摩拉维亚州

一战后帝国解体，

错因分析：国家版图的划分必须严格规范表述。

（错例 4）一个营差不多全部损失了。

错因分析：“差不多”“全部”不能同时存在，矛盾。

（错例 5）毛主席说共产党就怕“认真”二字。作为一名人民军队干部、一名共产党员，要外树形象，内修素质，要做一个纯粹的人，一个有道德的人，一个脱离了低级趣味的人。

最讲

错因分析：毛主席曾说：“世界上怕就怕‘认真’二字，共产党就最讲认真。”

四、网络语言差错

偶像

（错例 1） 她是不少中学生追捧的爱豆。

错因分析： 根据原新闻出版总署 2010 年《关于进一步规范出版物文字使用的通知》：“在汉语出版物中，禁止出现随意夹带使用英文单词或字母缩写等外国语言文字；禁止生造非中非外、含义不清的词语；禁止任意增减外文字母、颠倒词序等违反语言规范现象。”“爱豆”是网络用语，大意指年轻偶像，但含义并不清晰。正式出版物中不宜使用这类词。

（错例 2） 反转之王！脑洞大到怀疑人生。从 1001 篇中精选出的经典。

错因分析： 这里想用“脑洞大到怀疑人生”表明作者具有奇思妙想，但用的是网络语言，不规范。

（错例 3） 此外，由于权威电影节或电影奖项一般具有提名或入围机制，在同一届中诞生的两位影帝被称为“双黄影帝”，仅获得提名或入围而未获奖的男演员被称为“准影帝”。

错因分析： “双黄影帝”是流传于网络上的带有戏谑意味的称谓，不规范。

不良

（错例 4） 这些涉及色情暴力啊，典型的重口味作品。

错因分析： “重口味”原指人的口感。网络上多指公序良俗不接受的事物，非规范词语。

（编写：胡兴曼）

古籍文献类差错

一、时间年代（年号）差错

（错例 1）天宝十四年（755）十二月，安禄山率叛军攻破东都洛阳。 载

错因分析：中国古代的年号纪年，一般都称“××年”，但只有 744（天宝三载）—758（至德三载）这段时间，不称“年”而称“载”。《旧唐书·玄宗本纪》：“（天宝）三载正月丙辰朔，改年为载。”《唐大诏令集》有《改天宝三年为载制》的官方文件。玄宗天宝年间，天宝元年、天宝二年称“年”，天宝三载直到天宝十四载，则称“载”。后来的唐肃宗至德年号沿用。《旧唐书·肃宗本纪》：“（至德）三载……二月……丁未……改至德三载为乾元元年。”又改回“年”，故而“至德三载”也只存在了两个月时间。

（错例 2）此诗当是上元元年（674）秋李白在豫章（今江西南昌）一带目睹南方人民应征入伍、赴前线抗击安史之乱，有感而作。 760

错因分析：唐代有两个上元年号，一为高宗上元（674—676），一为肃宗上元（760—761）。李白生于 701 年，卒于 762 年，故此处标注的年号应为肃宗上元。错误的原因在于混淆了两个上元，又没有核查李白的生平。

（错例 3）他认为，元丰三年（1078）至七年（1082）为苏轼词创作的巅峰期，元丰七年后为衰微期。 1080 1084

错因分析： 查方诗铭《中国历史纪年表》（上海人民出版社 2007 年版），元丰三年为 1080 年，元丰七年为 1084 年，原文纪年标注有误。类似连续出现的纪年，往往一处有错，随后出现的纪年也会出错。

（错例 4） 大和九年（829），元稹入朝为尚书左丞，卢简求也结束了跟随元稹的为官生涯。大和十年（830），裴度征卢简求为幕僚，直至开成四年（839）裴度去世，卢简求一直跟随裴度。

835

开成元年（836）

错因分析： 此句中三处纪年，错了两处。大和（827—835）、开成（836—840）皆为唐文宗年号。大和九年为 835 年，次年 836 年改元开成，即为开成元年，根本没有“大和十年”的说法。我国古代，新的皇帝即位，会颁布新的年号，称“建元”。每个年号的第一年即为元年。有的皇帝在位期间，也会改换年号，称“改元”。在编校中遇到纪年或年号，一定要勤于翻查《中国历史纪年表》《中外历史年表》《世界历史年表》《中外历史对比年表》等工具书。

（错例 5）《（光緒）重修安徽通志》卷一百九十三載，李一公，字闇生。繁昌人。萬曆庚戊進士，授行人，遷比部，詔獄，多所全活。

庚戌

错因分析： 干支纪年是我国古代传统的纪年方式。干指天干，即甲、乙、丙、丁、戊、己、庚、辛、壬、癸；支指地支，即子、丑、寅、卯、辰、巳、午、未、申、酉、戌、亥。十天干和十二地支顺序相配，六十年为一周期，周而复始，一般以农历正月初一为新一年的开始，循环纪年。一般顺序为甲子、乙丑、丙寅、丁卯……癸酉、甲戌、乙亥……壬戌、癸亥而为一循环。例句中庚和戊都属于天干，肯定有误。经查，应为“庚戌”，戊、戌形近而误。

另外，干支除了可以纪年之外，在古代还可以用来纪月和纪日。

二、繁体、简体、异体字差错

（错例 1）秃發氏族居河右，氣蓋關中，幕帳縱横。（《南凉百官表序》） 髮

错因分析：繁体字中，表发生意，用“發”；表头发意，用“髮”。“秃发”即秃发鲜卑，历史上拓跋鲜卑的一支，后来演变为姓氏，其对应的繁体应为“秃髮”。

（错例 2）《搜玉小集》一卷：明刻本。馮巳蒼手校本。收藏有“馮巳蒼手校本”朱文、“馮舒之印”白文兩方印。 己

错因分析：冯舒，明末清初学者，著名藏书家、刻书家，江苏常熟人；字已苍，号默庵，别号癸巳老人。与其兄冯班并称“常熟二冯”。古代刻书，“己”“已”“巳”往往不分，但在文献整理时，必须注意区别。

（错例 3）升州：《元和郡县图志》卷二五江南道润州上元县：“［武德］九年，改为白下县，属润州。贞观九年，又改白下为江宁。至德二年，于县置江宁郡，干元元年改为升州，兼置浙西节度使。上元二年废升州，仍改江宁为上元县。”治所在今南京市。 载 乾

错因分析：在繁体转简体过程中，“乾”往往被错转为“干”。干，在古代汉语中对应的有三个字：表示姓氏（干宝）、天干、水边（河干）、冒犯（干涉）、求取（干禄）、栏杆（阑干）等意，对应“干”；表示干燥、干净等意，对应“乾”；表示主干、才干等意，对应“幹”。

我们现在使用的规范汉字，一般而言，都是指简体字，以 1986 年国务院批准重新发布的《简化字总表》为标准。在汉字简化过程中，往往出现多个不同义项的繁体字简化为同一个汉字的情况，也就是平常所说

的“多对一”，如上文的“干”“乾”“幹”简化为一个“干”。由简体字转为繁体字的过程中，尤其是“一对多”的情况下，往往不易正确对应，导致误用。如丑（地支、时辰）、醜（丑陋），面（脸）、麵（粮食磨成的粉），咸（皆、地名）、鹹（盐分高），斗（容量单位、星辰）、鬥（争斗），姜（姓）、薑（生姜）等。在文献整理和编校繁体字书稿时，尤其要注意。

听

（错例 4）佛印聽然而笑曰：“甚矣，子言之陋也。吾以法眼視之，一一箴孔有無量世界……”（馮夢禎眉批：“聽”，魚謹反，今不識字者皆讀爲“聽”，可笑。）

错因分析：原文为繁体，“听”的繁体为“聽”，似乎不错。其实，表笑貌意的“听”，读作 yǐn，并不是“聽”的简体，故而文中用“聽”，反而多此一举。《说文解字》：“听，笑貌，从口斤声。”《史记·司马相如列传》：“无是公听然而笑。”裴骃《集解》引郭璞曰：“听，笑貌也。”如果原文用“聽”，那么冯梦祯的眉批，反而不知所云了。

另，“听听”同“断断”，表示斤斤计较、争辩不休，亦不需要转为繁体。柳宗元《梓人传》：“听听于府廷。”

信道

（错例 5）《記》曰：“君子遵道而行，半途而廢，吾弗能已矣。”君子非其通道之不篤也，非其力行之不至也，得其偏而忘其中，不得終日安行乎通途，夫雖欲不廢，其可得耶？（蘇軾《中庸論下》）

错因分析：表面上看，这句话文字、标点都没有错误。但仔细揣摩，前面还在讲“遵道而行”，却为何突然出现一个“通道”？核底本，应该是“信道”，即信奉儒家之道。之所以会出现如此离谱的错误，就是因为原文为简体，作者直接在办公软件里转为繁体，因为字库标准的不同，“信道”直接变为“通道”。在编校由简体直接转为繁体的书稿时，类似的情况务必多加注意。“臣雖不肖，允蹈斯言。但通道直前，謂人如己。既蒙深知於聖主，肯復借交於衆人！”（蘇軾《代滕甫辯謗乞郡狀》）这里的“通道”，也应该是“信道”。

（错例 6）滕西元發始見知於英祖，而未及用，書其姓名藏於禁中，帝以是知之。（蘇軾《故龍圖閣學士滕公墓誌銘》）

公

错因分析：滕元发，北宋人，初名甫，字元发，后为避讳，以字为名，更字为达道。《宋史》有传。滕元发与苏轼为好友，滕去世后，苏轼为其作墓志铭。这里之所以出现低级错误，也是因为在简转繁的过程中，“公元”直接变成了“西元”。

类似的情况还有：公历（西曆）、对象（物件）、项目（專案）、字节（位元組）、实元（實際引數）等。

三、文史知识差错

（错例 1）惜篆注前二書已佚，惟此篇僅存。雖輾轉摹寫，其結體之工，尚可概見。《吾子行學古編》亦稱之。（《藝風藏書記》）

吾子行《學古編》

错因分析：吾子行，即吾衍（1268—1311），又作吾丘衍，字子行。博通经史，《学古编》为其著作之一种。

（错例 2）謂宜於譜直書穆氏，爲合於古。然《姓纂》，宋穆公之後，以謚爲氏。胡三省云：楚子重、子辛，出於穆王，楚人謂之“二穆”，故楚有穆姓。《路史》云：穆炎帝《後魏官氏志》云……（《繆氏得姓考》）

穆，炎帝後，《魏·官氏志》

错因分析：《魏·官氏志》即《魏书·官氏志》，北齐魏收撰。无“《後魏官氏志》”之书，无“穆炎帝”之人。

《擬行路難》

（错例 3）李白《行路難》其一乃擬鮑照《行路難》“對案不能食”一首而作。

错因分析：“行路难”是乐府《杂曲歌辞》调名，内容多写世路艰难以及离别悲伤。鲍照《拟行路难》十八首标明“拟作”，而李白《行路难》直接沿用乐府旧题。“对案不能食”出自鲍照《拟行路难》十八首其六。

《金鰲退食筆記》

（错例 4）金鰲《退食筆記》：“紫光閣，由太液池西南堤，循池而北，舊有臺，高數丈。……”

错因分析：《金鳌退食笔记》，地理学著作，清代高士奇撰，主要记载清代宫廷的建置。整理者把“金鳌”误作作者名，把“退食笔记”误作书名全名。

诗

秦

（错例 5）陶渊明《桃花源记》：“嬴氏乱天纪。”殷朝君王姓嬴。

错因分析：殷朝君王子姓，秦朝君王嬴姓。《桃花源记》其实是《桃花源诗》的诗序。“嬴氏乱天纪”出自《桃花源诗》，而非《桃花源记》。

祐

（错例 6）（崇宁四年）九月己亥，大赦天下，诏元佑党人徙移近地，惟不得至四辅畿甸。（《东都事略》）

错因分析：元祐（1086—1094），为宋哲宗年号。《字汇》：佑，佐助也；祐，神助也。在古代帝王年号中，一般用“祐”，以示君权神授，如景祐（1034—1038）、皇祐（1049—1054）、嘉祐（1056—1063）等。与此有关的事件、文集等，也要与年号保持一致。如宋仁宗嘉祐年间，苏洵将其创作的十余篇政论文章结集为《嘉祐集》，不能写为《嘉佑集》。

（错例 7）唐末五代绮艳诗风的代表作家韩偓流寓闽中，以晚辈亲戚与李商隐交往颇深，其《无题》、咏物及艳体诗都受到李商隐的直接影响。

错因分析：韩偓，唐末五代时期的诗人，十岁能诗，深得姨父李商隐（约 813—858）赞赏。“十岁裁诗走马成，冷灰残烛动离情。桐花万里丹山路，雏凤清于老凤声”（《韩冬郎即席为诗相送一座尽惊他日余方追吟连宵侍坐徘徊久之句有老成之风因成二绝寄酬兼呈畏之员外》其一）即为李商隐称赏韩偓之作。唐哀帝天祐二年（905），韩偓避地入闽，但此时李商隐已去世四十余年。

（错例 8）宋末任长庆在《三苏全集叙》中曾有一段文字感喟云……

清人

错因分析：《三苏全集叙》落款有“古晋后学任长庆撰”，查（雍正）《山西通志》，任长庆字云石，清顺治二年（1645）拔贡，授中书舍人。任长庆生活于明末清初。

（错例 9）唐江南道台州臨海郡，春秋時屬越，秦屬關中郡。

閩中

错因分析：台州临海郡，今浙江临海，秦时属闽中郡。关中、闽中，一北一南，相距甚远。“閩”“關”字形相近而致误。遇到相关的历史地理问题，应及时查阅谭其骧先生主编的《中国历史地图集》。

（错例 10）竹枝词，乐府《近代曲》之一。本为巴渝（今四川东部）一带民歌，唐代诗人刘禹锡据以改作新词，歌咏三峡风光和男女恋情，盛行于世。

、重庆

错因分析：巴，古国名，今四川东部和重庆一带。秦国设立巴郡，郡治即在今重庆市。渝，即渝州，建制于隋，治巴县，即今重庆。后来重庆的简称即为渝。1954 年 7 月，重庆市并入四川省建制。1997 年 6 月 18 日，重庆直辖市政府机构正式挂牌，从此不再隶属于四川省。例句中的“巴渝”，在重庆直辖市成立之后，就应该解释为“今四川东部、重庆”，才更为准确。在编校中往往还会遇到巫山、巫峡等今属重庆的地名依然错标注为“四川省”，如“巫峡，在今四川省巫山县东，为长江三峡之一”等，均宜改正。

（**错例 11**）香积寺，故址在今陕西省西安市长安县。

区

错因分析： 1958 年 12 月后，长安县划入西安市。2002 年 6 月 2 日，经国务院批准，撤销原西安市长安县，设立西安市长安区。此后涉及长安县的地名，必须改为“长安区”。

中国历史悠久，地域区划在不同的时期会有很大的变化。现当代，特别是改革开放以来，随着经济的迅速发展，行政区划的调整更是频繁。在涉及古今地名时一定要谨慎，多查资料，确保无误。

（**错例 12**）曹魏至西晋时期河内籍以及寓居河内的文人人数众多，其中既有以司马懿为代表的皇族，又有以阮籍、嵇康为代表的文人群体。

世家大族

错因分析： 西晋，由司马炎于 266 年篡魏而建，此时司马懿（179—251）已经离世十多年。终司马懿一生，都未称帝，故此处称“以司马懿为代表的皇族”不妥。

四、文献、注释差错

（**错例 1**）梁武帝《子夜四时歌·夏歌三首》：“君住马已疲，

《子夜四时歌·夏歌四首》其四

妾去蚕欲饥。”

错因分析： 古人诗集中多有组诗，或为诗人创作时有意为之，如李白《清平调词三首》；或为后人整理编集时归类，如李白《古风五十九首》。遇到征引组诗时，务必留意，要具体到组诗中的哪一首，准确无误。

（**错例 2**）白马黄金塞，云砂①绕梦思。

①云砂：指高耸入云的沙漠。

指高飞入云的黄沙

错因分析： 古诗今译，也要讲究“信、达、雅”，不能生硬直译。

（**错例 3**）香云隔山起，花雨①从天来。

①花雨：指佛寺下雨。多用作赞美高僧弘扬佛法之词。

佛教用语，指诸天为赞美佛说法之功德而散花如雨

错因分析： 古代文学作品中常常涉及佛教、道教等宗教内容，在今译时，应充分考虑相关的知识背景。

（**错例 4**）中有绿发翁①，披云卧松雪。（李白《古风五十九首》其五）

注释：①绿发翁：指绿头发的仙翁。

黑头发

错因分析： “绿发”，意为乌黑而有光泽的头发，形容人的状态年轻，并不是实指绿色的头发。宋代诗人尤袤《张公洞》诗云：“仙翁在何许，绿发尚如昔。”“如昔”，当然是指头发像年轻时一样乌黑。注释者在这里犯了望文生义的毛病。

五、标点符号差错

（**错例 1**）卷八“黄公鉥”條“正雨後梨花幽艷，白悔匆匆過

了寒食”。（《游宧紀聞跋》）

错因分析：“正雨後、梨花幽艷白，悔匆匆、過了寒食”出自宋人孙道绚的词作《少年游》。其实，古籍整理中的标点错误，大都源于相关知识的缺失，对文献的似懂非懂。如果整理者和编辑能完全理解文献，标点错误相应地就会大量减少。

修改建议：卷八“黄公鉌”條“正雨後、梨花幽艷白，悔匆匆、過了寒食”。（《游宧紀聞跋》）

（错例 2）辨有云：秦穆公書録秦誓蒙毅傳，不應罪其殺三良，棄百里奚。魯穆姜書，於春秋列女傳，不宜譏其性慧行亂，而皆改從繆戾之謚。

错因分析：《秦誓》，春秋时期秦穆公誓众之辞，收录于《尚书》。蒙毅的事迹，散见于《史记·蒙恬列传》。《春秋》《列女传》皆为书名。

修改建议：辨有云：秦穆公書録《秦誓》《蒙毅傳》，不應罪其殺三良、棄百里奚；魯穆姜書於《春秋》《列女傳》，不宜譏其性慧行亂，而皆改從繆戾之謚。

（错例 3）晚登漱玉亭，朗誦坡公詩。峽破不復合，龍飛不復歸。但覺風雨沉，四山暝半空。灑落千珠璣，石色際天青。遍刻前人辭，後題壓前題。好名轉被通，人嗤不如煮。瀑布拾松枝，壁上宋方信孺刻。可以潤渴吻滌饞頤，不則佳釀貯以雙鴟夷，看山時復一中之醉眠石上，世事吾弗知，浮沫淅淅濺我霜華髭。（《漱玉亭观瀑布》）

错因分析：原诗为杂言古诗，前半部分句式比较齐整，五言一句，后半部分句式则长短错落，又夹杂有作者小注。点校者在遇到句式变化后，仍按照五字断句，以致后半部分不可收拾。

修改建议： 晚登漱玉亭，朗誦坡公詩。峽破不復合，龍飛不復歸。但覺風雨沉沉四山暝，半空灑落千珠璣。石色際天青，遍刻前人辭。後題壓前題，好名轉被通人嗤。不如煮瀑布，拾松枝，壁上宋方信孺刻。可以潤渴吻，滌饞頤。不則佳釀貯以雙鴟夷，看山時復一中之。醉眠石上世事吾弗知，浮沫淅淅濺我霜華髭。（《漱玉亭观瀑布》）

（错例 4） 所據文瀾閣傳鈔本上皇帝書，卷首五言古，卷一七言古，卷二五言律，卷三七言律，卷四至卷七七言絶，卷八卷九五排律，卷十雜記，卷十一。（《翠微南征録跋》）

错因分析： 误把"上皇帝書"作为作品集，没有意识到是分卷内容，造成卷次和内容无法对应，最后"卷十一"单列，没有着落。

修改建议： 所據文瀾閣傳鈔本。上皇帝書，卷首；五言古，卷一；七言古，卷二；五言律，卷三；七言律，卷四至卷七；七言絶，卷八、卷九；五排律，卷十；雜記，卷十一。（《翠微南征録跋》）

（错例 5） 曰司鑰庫。《夢餘録》。《明史·職官志》：承運掌貯，黄白生絹。廣盈掌貯，紗、羅諸帛匹。廣惠掌造、貯，巾帕、梳篦，刷抿、錢貫、鈔錠之類。贓罰掌没入官物。已上各掌庫一員。貼庫、簽書，無定員。（《明故宫考》）

错因分析： "承運""廣盈""廣惠""贓罰"为明代皇家仓库的名字，由宦官掌管，各司其职。点校者疏于核对《明史·职官志》，造成点校有误，语意割裂。

修改建议： 曰司鑰庫。《夢餘録》。《明史·職官志》：承運，掌貯黄白生絹。廣盈，掌貯紗、羅諸帛匹。廣惠，掌造貯巾帕、梳篦、刷抿、錢貫、鈔錠之類。贓罰，掌没入官物。已上各掌庫一員，貼庫、簽書無定員。（《明故宫考》）

（错例6）（拓本，高四尺一寸，廣一丈，正書十四行，行七字，字徑四寸五分。）

頑石爲山出色□，□壺欲援東□□。事爲我佳處留茅，庵因説□□請師。作證丹石無光古，剎存蘆沙漁鼓□。朝昏江淮門户天，分合日月軒窗海。吐吞山足半沉曾，瘞鶴雲腰中斷可。呼猿丁寧爲我留，佳處茅屋三間護。竹根時咸淳壬申，夏六月□有九日。（《江蘇金石記》）

错因分析：此为碑文拓本录文，前面括号内文字为解题，介绍拓本的规格，后面内容为拓本文字，内容为“与诗作相关的典故＋七律＋诗作时间”，不是单纯的一首七律。点校者因见到解题有“十四行，行七字”，不顾文意，七字一断，遂至不堪卒读。《宋诗纪事》卷七十五收录此诗，作者赵溍，题为《焦山》。诗后有注云：“焦山刻石云：顽石为山出色，冰壶欲援东坡故事‘为我佳处留茅庵’，因说偈言，请师作证。咸淳壬申九月。”可参看。清朱绪曾《开有益斋金石文字记》中《焦山赵溍赠僧顽石诗并题名》亦收录此诗及本事。赵溍，南宋末年人，字元溍，号冰壶。“为我佳处留茅庵”，出自苏轼诗《自金山放船至焦山》。

修改建议：

（拓本，高四尺一寸，廣一丈，正書十四行，行七字，字徑四寸五分。）

頑石爲山出色，□壺欲援東□□事‘爲我佳處留茅庵’，因説□□，請師作證。

丹石無光古剎存，蘆沙漁鼓□朝昏。江淮門户天分合，日月軒窗海吐吞。山足半沉曾瘞鶴，雲腰中斷可呼猿。丁寧爲我留佳處，茅屋三間護竹根。

時咸淳壬申，夏六月□有九日。（《江蘇金石記》）

（错例 7）茅鹿門曰：只因當時韓、魏、富、鄭、杜、祁諸公紛紛外逐而不能久於其朝，故有此議。

错因分析：表面上看，“韓、魏、富、鄭、杜、祁”是姓氏，指六位公侯，标点并无不妥。其实只有韩魏公、富郑公、杜祁公三个人，“魏、鄭、祁”分别是三个人的封号。

韩琦（1008—1075），宋仁宗天圣五年（1027）进士。曾与范仲淹率军防御西夏，在军中颇有声望，名重一时，人称“韩范”。之后又与范仲淹、富弼等主持“庆历新政”，至仁宗末年拜相。累官永兴节度使、守司徒兼侍中，封魏国公。有《安阳集》《谏垣存稿》等。

富弼（1004—1083），宋仁宗天圣八年（1030），富弼举茂才异等。后与范仲淹等共同推行“庆历新政”。失败后，出知郓州、青州等地。至和二年（1055）拜相。治平四年（1067），进封郑国公。元丰六年（1083），富弼去世，累赠太师，谥“文忠”。有《富郑公集》。

杜衍（978—1057），大中祥符元年（1008）登进士第。庆历四年（1044），拜同平章事，支持“庆历新政”，为相百日而罢，出知兖州。庆历七年（1047），以太子少师致仕，累加至太子太师，封祁国公。有《杜祁公摭稿》。

修改建议：茅鹿門曰：只因當時韓魏、富鄭、杜祁諸公紛紛外逐而不能久於其朝，故有此議。

（错例 8）中丞死忠，先生死孝，蓋亦不忝前人者矣。（趙俞維《寒亭集》）

错因分析：“趙俞維《寒亭集》”有两处错误：一是“維”应为“紺”，两者因形近而误用；二是“趙俞”与“紺寒亭集”之间的标点有误。赵俞（1635—1713），康熙二十七年（1698）进士，有《绀寒亭集》十四卷，其中诗集十卷，文集四卷。

修改建议： 中丞死忠，先生死孝，蓋亦不忝前人者矣。（趙俞《紺寒亭集》）

（**错例 9**）公曰："吾守土而不能禦寇，致寇内變躪入，吾室中且盡死義，吾不幸獨生。……"

错因分析： 原文记述了晚明时期，土寇内外勾结，攻破临安，郡守刘僖一家义不受辱，自尽者二十余人，此为郡守刘僖的悲痛之词。"躪"，踩踏、践踏意。了解了文意及关键词的含义，即可根据原文的层次，作出准确的标点。

修改建议： 公曰："吾守土而不能禦寇，致寇内變，躪入吾室中，且盡死義，吾不幸獨生。……"

（**错例 10**）一日，忽谢友人之乡，营治兆域，以寄窝逋客自志。

错因分析： "谢"，告别，辞谢；"兆域"，墓地的边界，指墓地；"自志"，为自己写墓志铭。句意为：有一天，忽然辞谢友人，回到家乡为自己修建墓地，用"寄窝逋客"的名义为自己写了墓志铭。准确理解了文意，则知"之乡"不应属上，应属下。

（**错例 11**）李自负在康对山、王渼陂之上，问王元美曰："此记何如琵琶？"

《记》

《琵琶》

错因分析： 原文记述了李开先在创作《宝剑记》之后，非常得意，自认为在康海（号对山，明代文学家、戏曲作家，"前七子"之一）、王九思（号渼陂，明代文学家、戏曲作家，"前七子"之一）之上，遂在王世贞（字元美，明代文学家，"后七子"之一）面前夸口："我的《宝剑记》与高则诚的《琵琶记》相比怎么样？""记"即《宝剑记》，"琵琶”即《琵琶记》，故应加书名号。

（错例 12）恭維老前輩大人履綏八座，泰啓三陽，嚴虎旅以籌邊塵，清函夏樹，霓幢而布闉澤，沛熙春會。當甲算初開，黼黻贊御龍之治。况值辛盤始薦，醁醽拜錫爵之榮。椒頌彌殷，葵私曷罄。

错因分析：这是晚清一名官员写给郭嵩焘的一封贺年信札中的一段，采用骈体文的形式，用词、用典都比较讲究，亦颇应景，于郭嵩焘亦多有恭维。骈体文是古代的一种特殊文体，形式上讲究四六骈对，辞藻华美，多用典故。若对骈体文的形式不够熟悉，对文中的典故比较陌生，句读往往会出错。

修改建议：恭維老前輩大人履綏八座，泰啓三陽。嚴虎旅以籌邊，塵清函夏；樹霓幢而布闉，澤沛熙春。會當甲算初開，黼黻贊御龍之治；况值辛盤始薦，醁醽拜錫爵之榮。椒頌彌殷，葵私曷罄。

六、文献出处差错

（错例 1）《宋史》卷一五六《艺文志二》曾记录熊克著有《中兴小历》四十一卷。 二〇三

（错例 2）朱熹也认为：“至律诗出，而后诗之与法始皆大变。以至今日，益巧益密，而无复古人之风矣。”①

①朱熹《答巩仲至》，《晦庵集》卷四六，《四部丛刊》景明嘉靖本。 六四

错因分析：此两条错误，或由于整理者的疏忽，或由于转引本身就有错误的二手文献，而又疏于核对。

（错例 3）清卢文弨说得好：“表者，明也，标明其事，使著见也。”（卢文弨《校定熊方后汉书年表序》） 〈补后汉书年表〉

错因分析：《补后汉书年表》，十卷，南宋史学家熊方撰。此处文献名不够准确，而且“补后汉书年表”应标注书名号。

（错例 4）清中叶以来唐史人物表研考，多偏于中朝，如沈炳震《新唐书宰相世系表订讹》……徐松《登科记考》等。

错因分析：在体例上，《旧唐书》无表，《新唐书》则恢复了《史记》《汉书》的传统，设宰相、方镇、宗室世系、宰相世系四种表。但清人沈炳震撰《唐书宰相世系表订讹》，书名中并无“新”字。

艺文志

（错例 5）又借民间异本传录。及还京师，迁书东宫丽正殿，置修书院于著作院。其后大明宫光顺门外、东都明福门外，皆创集贤书院，学士通籍出入。（《新唐书》卷五十七《经籍志一》）

错因分析：《艺文志》，正史中记载的历代典籍的目录，始于《汉书·艺文志》。至《隋书》改称《经籍志》，《旧唐书》因之。艺文、经籍，性质相同，但在不同的史书中，却各有区别。《新唐书》用“艺文志”。例句中的错误在于混淆了《旧唐书·经籍志》和《新唐书·艺文志》。

旧唐书·

（错例 6）万岁通天二年，綦连耀谋逆事泄，王勮、王勔兄弟因受牵连而被诛。事见《吉项传》《刘世龙传》。

错因分析：此处的《吉项传》《刘世龙传》，皆为《旧唐书》中的内容。标注文献出处，除准确之外，还应全面，以方便读者阅读，或进一步查核原文。

看

山

（错例 7）“床前明月光，疑是地上霜。举头望明月，低头思故乡”，李白这首脍炙人口的《静夜思》，最早见于宋代蜀刻本《李太白文集》。

错因分析：据当代学者考证，“床前明月光，疑是地上霜。举头望明月，低头思故乡”这个版本，最早出现于明万历闵氏刻朱墨套印本《唐诗选》。而在存世最早的宋代蜀刻本《李太白文集》中，两个“明月”，分别是“看月”和“山月”。例句也可改为：“床前明月光，疑是地上霜。举头望明月，低头思故乡”，李白这首脍炙人口的《静夜思》，最早见于明万历闵氏刻朱墨套印本《唐诗选》。

（错例 8）杜甫原是怀着“致君尧舜上，再使风俗淳”（《自京赴奉先县咏怀五百字》）的政治抱负，意在登上仕途，一展宏图，但总是事与愿违。

奉赠韦左丞丈二十二韵

错因分析：《奉赠韦左丞丈二十二韵》和《自京赴奉先县咏怀五百字》都是杜甫的五言名篇，也都有表现忠君爱民的名句，如《奉赠韦左丞丈二十二韵》中的“纨绔不饿死，儒冠多误身”“致君尧舜上，再使风俗淳”等，《自京赴奉先县咏怀五百字》中的“穷年忧黎元，叹息肠内热”“葵藿倾太阳，物性固难夺”“朱门酒肉臭，路有冻死骨”等。天宝五载（746），35 岁的杜甫赴京谋求官职，并于次年参加考试。但李林甫以“野无遗贤”为借口，没有录取任何一个人。杜甫也开始了自己“朝扣富儿门，暮随肥马尘。残杯与冷炙，到处潜悲辛”的京城生活。天宝七载（748），河南尹韦济任尚书左丞，比较器重杜甫，于是杜甫写了这首《奉赠韦左丞丈二十二韵》，直抒胸臆，表达了自己“致君尧舜上，再使风俗淳”的忠君爱国之志。

天宝十三载（754），关中秋雨连绵，杜甫生活困难，只得把家小安置在距离长安一百多公里的奉先县（今陕西蒲城），然后只身回到长安谋官。次年，终于谋得右卫率府胄曹参军的小官职，并在当年十一月回奉先探亲。回家后，发现小儿子已经饿死。诗人由自己的不幸联想到百姓的苦难，于是写下《自京赴奉先县咏怀五百字》，记录了一路上的艰辛经历和人民的苦难生活。

原文产生错误的原因，即在于混淆了两首诗的内容。所以在编校中，即使是遇到名篇，作者也是名家，也不能掉以轻心，仍然要仔细核对出处。

（编写：李相东）

绘画美术类差错

一、插图差错

（错例 1）

逐月楼对联

错因分析： 图题为“逐月楼对联”，而图片中只出现了下联，缺少上联。

修改建议： 插图完全显示。

（错例 2）

错因分析： 图中灭火器的喷管颜色与图片底色融为一体，使人无法看清喷管，误以为瓶身残缺。

修改建议： 喷管设为与底色相区别且符合实际的颜色。

（错例 3）

第一步：将救生衣套过颈部，把带有口哨的长方形浮力袋置于胸前，双手拉紧前领博带，缚好颈带。

错因分析： 文字说明中称长方形浮力袋“带有口哨”，而插图中的浮力袋没有口哨。

修改建议： 画带有口哨的救生衣（浮力袋）。

（错例 4）

错因分析： 正文文字为“小嘉终因体力不支而晕倒在课堂上。被送去医院后，他又是吃药，又是打点滴……”，“小嘉”是个男孩子，而插图中是扎着马尾的女生。

修改建议： 图中人物换成男生。

（错例 5）

错因分析： 正文文字为“我的手心被蜜蜂蜇得肿了起来”，而插图是手指的指腹被蜜蜂蜇了，与文字不符。另图中蜜蜂绘制有误。

修改建议： 图与文相符。蜜蜂分别绘出头部、胸部、腹部。

（错例 6）

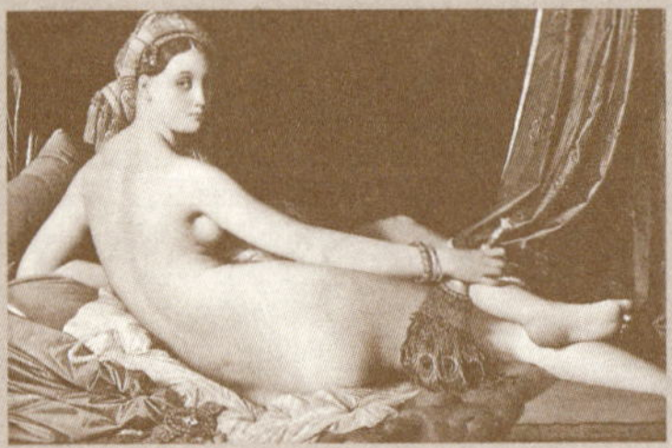

错因分析： 图片裁剪不当，造成图文不符。图片中宫女的脚边没有水烟，而正文文字提到了宫女“脚边放着的水烟”。该图出自引进版图书，原版图书剪截了图片，使之不完整。

修改建议： 图与文相符（重新截图）。

二、图或表中文字差错

（错例 1）

错因分析：图中白色装置上的文字为“紧急对讲机”，而紧急呼叫装置上的文字一般不写“紧急对讲机”。

修改建议：“紧急对讲机”改为“紧急报警器”或“紧急呼叫”。

（错例 2）

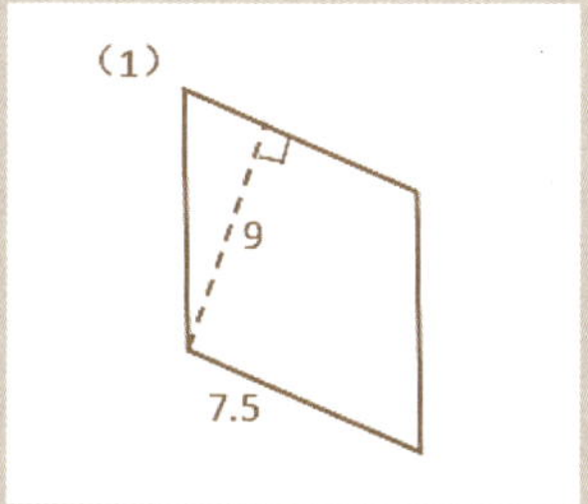

错因分析：该图片中菱形边长为 7.5，高不可能是 9（直角边不可能大于斜边）。

修改建议：图中的“9”改为“6”。

（错例 3）

错因分析：此图为月面图，上面标出了很多有代表性的地名，但图中个别地名，如“厄拉多赛环形山”，与官方译名不一致。

修改建议：“厄拉多赛环形山”改为“厄拉多塞环形山”。

（错例 4）

图 3（上）| 时间与空间的畅想　韩国麦粒音乐厅局部　陶艺装置壁画
图 4（中）| 时间与空间的畅想　韩国麦粒音乐厅局部　陶艺装置壁画
图 5（右）| 马

错因分析： 图题文字错误。该图片（图 5）作品名为《风》，而图题为“马”。

修改建议：“马”改为“风”。

（错例 5）

斯堪的纳维亚20世纪上半叶参加和举办的重要设计展览

时间（年）	地点和展会名称	展览组织方	备注
1900	巴黎：世博会	国家	
1917	斯德哥尔摩利耶瓦尔克斯艺术馆	瑞典设计协会	
1925	巴黎：艺术装饰和现代工业设计展	设计师个人	
1927	纽约：瑞典当代艺术展	纽约大都会艺术博物馆	
1930	斯德哥尔摩展览	瑞典设计协会	
1933	米兰三年展	参展国家组织	
1939	纽约世博会	参展国家组织	
1948	米兰三年展	参展国家组织	
1951	米兰三年展	参展国家组织	
1952	欧美城市巡回展	芬兰	
1954-1957	美国和加拿大城市巡回展	欧美国家间合作	
1956-1957	西德12城市工业艺术巡回展	芬兰	
1959	南美展览	芬兰	

错因分析： 表题文字错误。表格中的时间有 1951 年之后的年份，不属于“20 世纪上半叶”。

修改建议： 表题中的“20 世纪上半叶”改为“20 世纪初—20 世纪 50 年代”。

（错例 6）

图12-1　斯德哥摩展览（1930年）

错因分析： 图题文字错误。

修改建议：“斯德哥摩”改为“斯德哥尔摩”。

（错例7）

错因分析： 图文不一致。该图片为南京眼步行桥白天的景色，而图中右上方文字说明为“南京眼夜景”。

修改建议： 删去“南京眼夜景”几个字，或修改表述。

三、图题或图注和图不一致差错

（错例1）

厚生制造厂

位于西门外锁桥头原永宁寺内。民国二年（1913），由省议员、武进农会会长、水利局长奚九如，从上海买回8马力火油机、碾米机和8寸口径的水泵，创办溥利碾米厂。次年从上海购回车床、刨床，成立常州最大的机械制造厂，“厚生”取于口号：“通商惠工，厚生利用，国基永奠”。后厚生机械制造厂成为常州机器厂（常州柴油机厂前身）。

错因分析： 图片与文字说明不一致。图中大门的门牌为“厚生制造机器厂”，而图边文字说明为“厚生制造厂”。

修改建议： 名称统一。

（错例 2）

迎桂馒头店

位于弋桥头的“迎桂茶社”，始创于清道光年间，始创时加蟹馒头每笼 12 只，小巧玲珑，别具一格，用精面粉、熟板油、蟹粉、鲜猪肉，配以皮冻、调料加工而成，出笼酱油金黄闪亮，皮子洁白如玉，吃口肥而不腻，汁水流淌鲜美，皮薄有劲爽口，配以香醋、姜丝味更佳。该馒头是本邑一道历史悠久的传统小吃，现也成为中华名点与非遗传承项目。

错因分析：图片与下方文字说明不一致。图片中店名为“迎桂馒头店”，下方图注中称之为“迎桂茶社”。

修改建议：店名统一，或说明两个店名是指同一家店。

（错例 3）

四喜汤团店

错因分析：图片与文字说明不一致。图片上的店名为“四喜糕团店”，而图边文字为“四喜汤团店”。

修改建议：图边文字与图片内容统一。

（错例 4）

图 9–4 莫高窟第 158 窟西壁南侧上部飞天

错因分析：图题与正文文字说明不一致。正文描述“图 9–4”的文字内容是：“西壁北侧这身飞天……”，而图题文字为“图 9–4 莫高窟第 158 窟西壁南侧上部飞天”。

修改建议：两处据实统一。

（错例 5）

图 4–10 炳灵寺第 169 窟第 12 龛飞天

错因分析：图题与正文文字说明不一致。正文描述“图 4–10”的文字内容是：“第 11 龛……”，而图题文字为“图 4–10 炳灵寺第 169 窟第 12 龛飞天”。

修改建议：两处据实统一。

（错例 6）

错因分析：图片与正文文字说明不一致。图中白塔的顶端是六角形，而正文文字说明为“圆角形宝盖”。

修改建议：正文文字说明改为“六角形宝盖”。

四、跨页图差错

（错例 1）

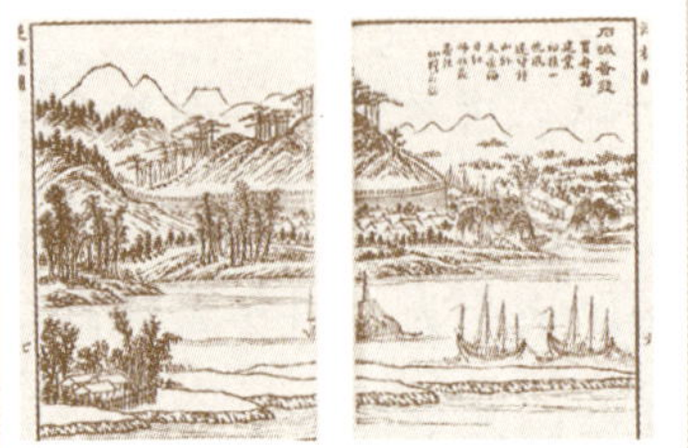

清版画：石城晏发

错因分析： 此画的原图为跨页图，未经修图就直接影印复制到文本中，导致图片中间出现空白，与原画作不相符。

修改建议： 删除空白。

五、图和绘画作者差错

（错例 1）

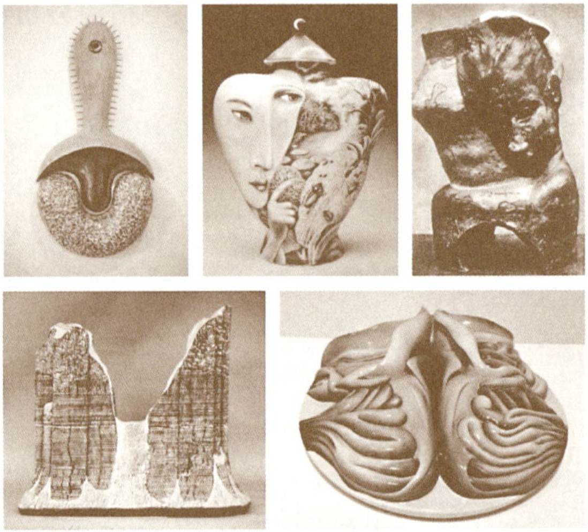

图 22（上左）|（美）汤姆·克里根　沙漠岗哨　2009
图 23（上中）|（美）科特·威塞　植物学家　2009
图 24（上右）|（法）高更　陶器少女　1883
图 25（下左）|（美）鲍勃·金兹　隐语的山脉
图 26（下右）|（美）乔奇娅·奥凯芙　晚宴　局部

错因分析： 插图作者有误。右下的作品叫《晚宴》，作者应为“朱迪·芝加哥”，而该图（图 26）的图题中误将作者写为“乔奇娅·奥凯芙”。

修改建议： “乔奇娅·奥凯芙”改为“朱迪·芝加哥”。

（错例 2）

东晋　顾恺之　洛神赋图卷摹本（局部）

错因分析： 绘画作者有误。此图是东晋顾恺之《洛神赋图》的临摹本，作者不详。

修改建议： 图题改为"宋　佚名　摹顾恺之《洛神赋图》（局部）"。

（编写：凌箐箐）

少儿幼教类差错

一、汉语拼音差错

（错例 1） 发祥地（de）振兴计划 —— dì 地

错因分析： 多音字造成的注音错误。拼音插件遇到多音字时，会让排版人员进行选择。但排版人员有时不太注意文字内容，遇到这种情况时，往往会根据个人习惯，或者随机选择其中一个。所以，校对人员遇到多音字时需要多加注意。

汉语拼音一直是低龄段童书校对中的难点。不过，目前排版软件大多出了拼音插件，可以根据文字直接生成拼音，不再是人工手动注音，这就避免了很多因拼音学得不好或者普通话不标准所造成的低级错误。但这并不表示，拼音校对就没有必要了，相反，错误仍时有发生，而且还是有规律地出现。

（错例 2） 樊（fán）於（yú）期（qī） —— 於期 wū jī

错因分析： 古今异读造成的注音错误。对于古今语音流变，我们不一定要深究，如示例这样比较特殊的，则需要记住。

（错例 3） 一扇（gè）门 —— shàn 扇

错因分析： 应该是改字未改音造成的。大家需要注意，校对时一定要注意字音同改。

（错例 4） 宫（gōng）商（shāng）角（jué）徵（zh ǐ）羽（yǔ） —— zhǐ 徵

错因分析： 手动注音造成的字体错误。因为是手动输入，和拼音插件的默认字体不一样，这就造成前后字体格式不一致的错误。

（错例 5）zhōngyāng 中央 —— zhōng yāng 中 央

错因分析： 文字间距造成的格式错误。有的词语拼音特别长，但字间距比较短，就造成了字母压字母的现象。

（错例 6）hóng tóng tóng 红彤彤 —— tōng tōng 彤彤

错因分析： 变调造成的注音错误。一般情况下，可只标原调，不标变调。但在实际使用中，有些词语只读变调，则需要标注变调，如“红彤彤”“香喷喷”“黄澄澄”等。

（错例 7）xiǎo niǎor 小鸟儿 —— niǎor 鸟儿

错因分析： 儿化音造成的注音错误较为罕见，目前暂没有发现案例。但修改儿化音造成的错误却有案例。拼音插件不能自动生成儿化音，需要手动注音，本例便是为儿话音手动注音造成的字体不一致错误。

二、网络语言差错

（错例 1）小学生界的“交际花” —— “百事通”

错因分析： “交际花”这个词其实早就有了，但目前网络上有点贬词褒用的趋势，这是网络语言对出版的重要不良影响之一。需要注意的是，网络上的一些粗话、脏话，编校时大家都能自觉改掉，但这种贬词褒用的现象却往往被忽视。

（错例 2）葑峃鎖暧 —— 封心锁爱

错因分析：这曾是风靡网络的“火星文”，属于网络语言入侵出版领域的一个典型案例，编校时需要尽量改掉。

……

（**错例3**）妈妈对我。。。

错因分析：使用三个句号作为省略号，是网络聊天的典型特征，在正式出版物中应该计错。

竖起

（**错例4**）西蒙心服口服，比了个大拇指。

错因分析：“比大拇指”“比心”等属于不规范的网络语言。大拇指向下也是比大拇指，却是挑衅的意思，大拇指要向上竖起才明确表示赞赏。

三、违反《出版管理条例》和《未成年人保护法》的差错

（**错例1**）她很想把这俩小东西抓到手，用鞭子狠狠地抽打一顿。她也很想把这俩没教养的家伙捆绑起来，扔进山洞里，等着野狼收拾他们，让野狼啃掉他们的耳朵，咬掉他们的手。她甚至想逮到这俩讨厌的恶魔，用她的大手掌用力地扇打他们耳光，还要重重地打他们的嘴巴，打红打肿，打得他们哇哇乱叫，叫他们再也不敢在她面前乱唱……

错因分析：少儿图书是专门为少年儿童出版的图书，涉及少年儿童成长的方方面面。目前关于少儿图书出版内容导向的法条主要有两个，一个是《出版管理条例》第二十六条：“以未成年人为对象的出版物不得含有诱发未成年人模仿违反社会公德的行为和违法犯罪的行为的内容，不得含有恐怖、残酷等妨害未成年人身心健康的内容。”

另一个是《未成年人保护法》第五十条：“禁止制作、复制、出版、发

布、传播含有宣扬淫秽、色情、暴力、邪教、迷信、赌博、引诱自杀、恐怖主义、分裂主义、极端主义等危害未成年人身心健康内容的图书、报刊、电影、广播电视节目、舞台艺术作品、音像制品、电子出版物和网络信息等。”

一般情况下，虐待、遗弃、非法送养未成年人的内容在图书中较为罕见。本案例对孩子进行体罚的描写过于夸张。

修改建议：删除。

（错例 2）“天上的星星亮晶晶，晚上出来玩最开心！”储 ×× 简直是大喊大叫了。“我想到一个好办法！”李 ×× 说，“我可以让地上也有一颗星！”……李 ×× 点了一根香烟，吸了一口，又吸了一口，“看，像不像亮晶晶的星？”“太像了！我也要抽一根香烟，这样就有两颗亮晶晶的星了！”储 ×× 说。

错因分析：其实，在童书以外，描写抽烟喝酒属常见内容。但如果阅读对象是儿童，编校时就需要格外注意尺度，对吸烟喝酒要持批判的态度，不能有诱导未成年人吸烟喝酒的倾向。

修改建议：删除。

（错例 3）对于这个世界，我们有各种欲望。偷是最简单的办法，可以让我们物质生活幸福，而不用付出昂贵艰辛的代价。

错因分析：本案例可能诱发未成年人模仿偷窃，属于《出版管理条例》和《未成年人保护法》禁止出版的内容。另外需要注意的是，勿以恶小为之，违法不论大小。有些少儿图书里对情节比较轻的违法行为不太敏感，如打人、偷窃、设陷阱捕捉珍稀鸟兽等，有些作者的描写还非常有趣，阅读后可能引起儿童模仿。

修改建议：删除。

（**错例 4**）在科学昌明的当代社会，一提到灵魂、鬼神、僵尸，人们大多嗤之以鼻，认为这都是可笑的无稽之谈，但是在世界范围内却有着许多无法解释的还魂现象，让人称奇！山东省阳谷县李台镇明堤村有一位吴姓老太。老太太今年七十有余，在当地村镇无人不知无人不晓，而她之所以被人们所熟知就是因为幼时发生了不可思议的借尸还魂事件……

错因分析： 本例属于比较明显的迷信内容，但在日常工作中，我们遇到的迷信案例并不都是这种具有明显特征的。编校时要特别注意一些传统民俗中可能涉及迷信内容的活动，如看风水、给孩子叫魂等，都属于《出版管理条例》禁止出版的迷信内容。

修改建议： 删除。

（**错例 5**）我再也承受不住人们的白眼和冷嘲热讽。这天早晨，我早早地到了学校，爬到了教学楼的顶楼——第十四层的阳台上，无比留恋地最后看了一眼那正在东边冉冉升起的朝阳。我想那恐怕是我今生最后一次看到太阳了。我决定结束自己的一生。我纵身从教学楼跳了下去，教室的窗户一扇一扇地从我身边掠过，我像一片树叶一般飘向大地。

错因分析： 本例属于《未成年人保护法》第五十条禁止出版的引诱自杀的内容。

修改建议： 删除。

（**错例 6**）……它是母狼，它是年轻的母狼，它是生命力非常旺盛的母狼，它正处在秋天狼的发情季节。卡鲁鲁沉重的雄性躯体正在慢慢压迫着它，它痴痴迷迷地等待着奇妙时刻的来临……

错因分析：本例有借写狼群行为来暗示色情内容之嫌，淫秽、色情是《未成年人保护法》第五十条禁止出版的内容。

修改建议：删除。

四、与校园现实不符的差错

（错例 1）见下页图中部分人物头部。童书插图中，学生染了发。

错因分析：很明显，现实中校园里是不能染发的。另外，编辑也要注意插画师的画风，人物形象要符合国人审美，阳光健康、积极向上。

修改建议：右上人物发色改为黑色。另外，改画审美不当的人物形象。

（错例 2）见下页图中学生人物胸、颈部。童书插图中，学生在学校未佩戴红领巾。

错因分析：学校在组织活动时，一般会要求少先队员佩戴红领巾、共青团员佩戴团徽。建议童书插画中，对主要人物进行少先队员和共青团员身份标示，积极培养孩子们争做先锋的意识。另外，如果插画里没有一个孩子戴红领巾，也不符合学校现实。

修改建议：加画红领巾。

（错例 3）见下页图中学生人物穿着。童书插图中，学生在学校未穿校服。

错因分析：并非所有的中小学都规定了学生在校必须穿校服，但在童书插画中，学生角色建议统一穿着校服，这样有助于教育孩子，营造在穿着上不攀比的氛围。

修改建议：服装改画为校服。

好好学习
古诗

五、有违国家教育方针理念的差错

（错例 1） 对于赵小乐的捣蛋行为，李老师再也忍不下去了，她拿着戒尺气呼呼地走过来："赵小乐，把你的手伸出来！"

错因分析： 此句出自学生作文，发表于 2023 年 11 月。据 2021 年 3 月起施行的《中小学教育惩戒规则（试行）》，学生如有不当行为，教师应当予以制止并进行批评教育，确有必要的，可以实施限时（一节课堂教学时间内）罚站等教育惩戒。但是，不得以击打、刺扎等方式对学生进行体罚。相关内容应予删改。

修改建议： 改戒尺打手为罚站等。

（错例 2） 有正当的事业，就有因果报应的下贱职业。

错因分析： 职业没有高低贵贱，只是社会分工不同。本例内容不符合我国当今的教育理念。

修改建议： 删除。

（错例 3） ××× 毅然借了高利贷。

错因分析： 本例来自介绍时代楷模的主题图书。根据国务院 1998 年 7 月发布的《非法金融机构和非法金融业务活动取缔办法》，高利贷属于中国人民银行依法打击的破坏金融市场的违法经营活动。"毅然借了高利贷"近似于毅然去"违法"，以这个例子去宣传时代楷模不妥，不符合我国当今的教育理念。

修改建议： 删除。

（错例 4） 活该没小孩……

错因分析： 歧视不孕妇女的现象社会上确实存在，但显然不属于可以向少年儿童宣传的内容，可能会影响其心理健康，形成不正确的价值观，不符合我国当今的教育理念。

修改建议： 删除。

（**错例 5**）相由心生，内心善良的人大多相貌温和。

错因分析： 错误地对中小学生宣传了主观唯心主义思想，不符合我国当今的教育理念。

修改建议： 删除。

（**错例 6**）“第一，不准打架；第二，不准跟老师顶嘴；第三，不准谈恋爱；第四，作业一定要完成……”听儿子顺利背完，张同拍拍儿子的肩膀：“就这么几所过得去的学校，爸爸可是给你花老多钱了，这次你就让我省省心，可不能再被开除了……”

错因分析： 本例涉及多项不当内容。如开除，我国实行九年义务教育制度，学校一般情况下是无权开除义务教育阶段学生的。又如赞助费，教育部不允许义务教育阶段学校向家长收取赞助费及其他各种名目的杂费，本例虽未明言，已经事实上违反相关教育方针。

修改建议： 删除。

（**错例 7**）我看她，她看我，两个长相没什么差异的女孩打扮得又几近相同，这感觉真像照镜子。我们的成绩也那么接近，这次小升初考试的名次夏希排全校头名，我第三名，因此，从明天开始，我和夏希就要成为全市头等中学的重点班学生了。

错因分析： 2021 年，教育部颁布印发《关于加强义务教育学校考试管理的通知》，要求“合理运用考试结果”，学校“不得按考试结果给学生调整分班、排座位、‘贴标签’”。本例涉及的虽然是小升初考试，但重点班仍然不符合我国现行相关教育方针。

修改建议：删除。

（编写：陆发祥）

教育综合类差错

一、图表差错

（错例 1）

年龄（岁）	人数	热量（千卡）		蛋白质（千卡）		钙（毫克）	
		差值	共差	差值	共差	差值	共差
1 岁—		–1.0		0		0	
2 岁—		0		0		0	
3 岁—		1.5		0.5		0	
4 岁—		2.0		0.5		2	
5 岁—		3.0		0.5		2	
6 岁—		5.0		1.0		2	
7 岁—		6.0		2.5		4	
总计	278	—		—		—	

错因分析：1. 本表格为“膳食营养推荐摄入量计算表”，是一张需要填写的空表，所以总计人数“278”为误填的数字。

2.《学术出版规范 表格》（CY/T 170—2019）规定：“表头中量和单位的标注形式应为‘量的名称或符号 / 单位符号’。”此表头中采用了“量的名称（单位名称）”的形式。

3. “年龄”一栏表述不确切。结合上下文，发现“1 岁—”表示的是年龄段“1 岁—2 岁”。

4. 千卡是热量的非法定计量单位，焦（J）才是热量的法定计量单位，1 千卡 = 4186.8 焦。《计量违法行为处罚细则》（2022 年修订）第二章第五条规定：“出版物使用非法定计量单位的，责令其停止销售，可并处一千元以下罚款。”

5. 蛋白质质量的计量单位不是千卡，核对数据后确认此处蛋白质质量的计量单位为克（g）。

修改建议： 1. 删除多余数据“278”。

2. 将表头中量和单位的标注形式改为“量的名称或符号 / 单位符号”，如：钙 /mg。

3. 改“年龄（岁）”为“年龄段”，改“1 岁—”为“1 岁—2 岁”，其余各项以此类推。

4. 将热量单位改为“J”，并对单元格内数值进行换算修改。

5. 蛋白质栏的计量单位改为“g”。

（错例 2）

专业	可能从事的职业	专业	可能从事的职业
京剧表演	京剧演员 戏剧教育 京剧相关的文化传播、艺术指导	古籍修复	古籍修复师
汉语言文学	中文编辑 中文教师 对外汉语教师 语言文字研究人员	法律	律师 法律顾问 法医 记者
机电工程	机电工程师 机电设备技师 机电工程专业教师	软件工程	软件工程师 网络工程师 系统管理员 网络管理员

改为双竖细线

错因分析： 表格双栏间没有用双竖细线隔开。“法医”也不是法律专业对口的职业，“法医”有专门学习的专业，该职业与医学的关联度更大。

（错例 3）

表 1　气垫导轨平台碰撞实验数据

v1	v2	v1 末	v2 末	m1	m2	m1v1	m1v1 末	m2v2	m2v2 末	m1v1+m2v2	m1v1 末 +m2v2 末
0.354	0.2112	0.21	0.3938	0.26	0.165	0.09204	0.0546	0.034848	0.064977	0.126888	0.119577
0.4352	0.3162	0.4056	0.3608	0.26	0.217	0.113152	0.105456	0.068615	0.078294	0.181767	0.18375
0.427	0.5278	0.5942	0.4316	0.26	0.26	0.11102	0.154492	0.137228	0.112216	0.248248	0.256708
0.2264	0.529	0.3022	0.3816	0.165	0.26	0.037356	0.049863	0.13754	0.099216	0.174896	0.169097

表 2　铝制导轨平台碰撞实验数据

m1	m2	t1	t2	t1'	t2'	l	v1	v2	v1'	v2'	mv1+mv2	mv1'+mv2'
0.11	0.11	0.03433	0.03527	0.04054	0.04036	0.02	0.582581	0.567054	0.49334	0.49554	0.12646	0.108777
0.159	0.159	0.03889	0.04175	0.0474	0.04868	0.02	0.514271	0.479042	0.421941	0.410846	0.157937	0.132413
0.208	0.208	0.04075	0.04498	0.0558	0.05406	0.02	0.490798	0.444642	0.358423	0.369959	0.194571	0.151504
0.256	0.256	0.03819	0.03778	0.04515	0.05269	0.02	0.523697	0.529381	0.442968	0.379579	0.269588	0.210572

错因分析： 1. 表格中的 v 表示速度，m 表示质量，m 和 v 的乘积表示动量，t 表示时间，l 表示位移。表格中只给出数值，却没有给出单位，应在表头中添加相应单位。而且，量的符号应用斜体字母表示，数字标在下标位置。

2.《学术出版规范　表格》（CY/T 170—2019）规定：“表身中同一量的数值修约数位应一致。如果不能一致，应在表注中说明。”例如，表 2 的 *t*1' 栏中几处四舍五入至小数点后四位的数字，应保留小数点后五位。

3. 表格内容错误：表 1“m1v1 末 +m2v2 末”后两行数据错误，“0.256708”应为“0.266708”，“0.169097”应为“0.149079”；表 2 最后两栏表头“mv1+mv2”“mv1′+mv2′”错误，应为“$m_1v_1+m_2v_2$”“$m_1v_1'+m_2v_2'$”。

（错例 4）

6. 我国上海市和澳大利亚悉尼市 1981—2010 年月平均最高气温如下表。根据表中的数据，完成下面的折线统计图。

平均气温/°C　月份　城市	一	二	三	四	五	六	七	八	九	十	十一	十二
上海	8	10	14	20	25	28	33	32	28	23	18	11
悉尼	27	27	25	23	21	18	17	19	21	23	24	26

1981—2010 年上海市、悉尼市月平均最高气温统计图

年　月

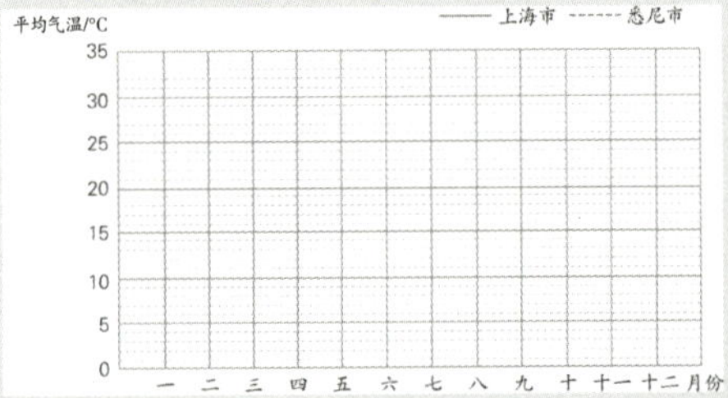

错因分析： 表头错误，与表题不符。绘制表格时表头信息须与文字表述一致，不应使用会造成误解的缩略表达。且表头形式有误，依《学术出版规范 表格》（CY/T 170—2019）规定，“表头中不应使用斜线”。

修改建议： 表头左上侧仅保留“月份”，删除斜线和其余文字；左侧“上海”“悉尼”分别改为“上海市平均最高气温 /℃”“悉尼市平均最高气温 /℃”。下方图中“平均气温”改为“平均最高气温”。

（错例 5）

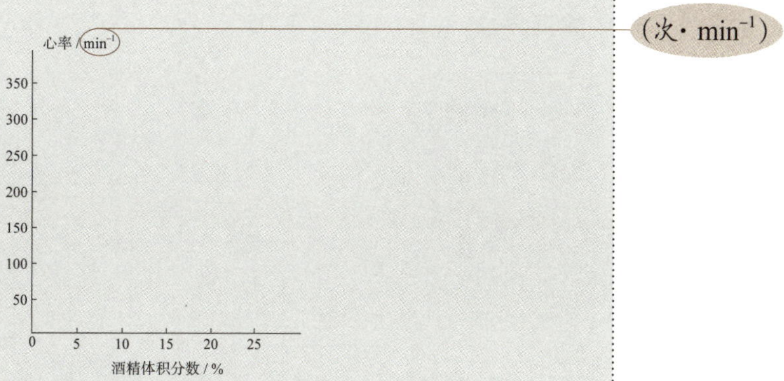

图 26-2　清水和不同浓度的酒精对水蚤心率的影响

错因分析： 纵轴单位错误。心率单位应为次 / 分钟，在图表中根据格式要求，应写为“心率 /（次 · min^{-1}）”。

（错例 6）

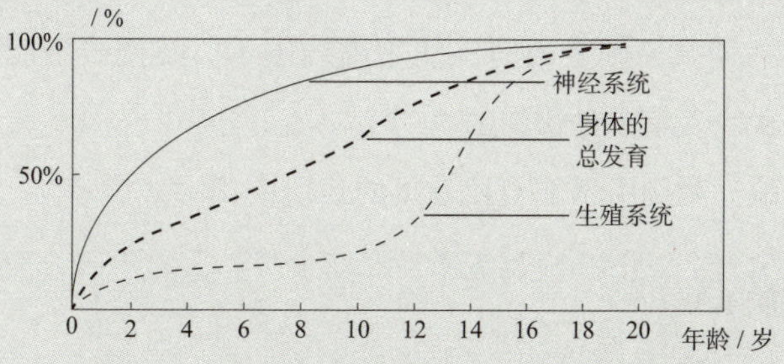

人体生长曲线图（图中 100% 表示达到 20 岁成人的正常水平）

错因分析：“人体生长曲线图”为图题，“（图中 100% 表示达到 20 岁成人的正常水平）”为整图注，整图注应置于图题下方。纵轴缺少量名，只标注了“/ %”，而既然纵轴标注了“/ %”，纵轴上的刻度值就不应再用“50%”“100%”。曲线统计图也需要按照坐标系制图要求绘制。

修改建议：“（图中 100% 表示达到 20 岁成人的正常水平）”移动到“人体生长曲线图”下方。补充纵轴量名。删除刻度值“50%”“100%”中的百分号。

（错例 7）

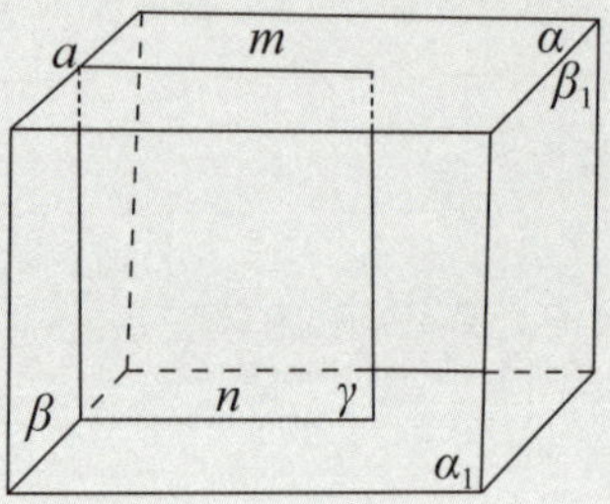

错因分析：数学透视图错误。数学、物理等科目的教辅图书常常需要绘制立体图形，帮助学生理解题意。立体图形的绘制应遵循的原则是，视图角度可以直接看见的线段使用实线表示，不能直接看见的线段使用虚线表示。辅助线原则上也应该使用虚线表示。案例中不能直接看见的线段使用了实线表示，是错误的。

修改建议：案例中不能直接看见的线段改用虚线表示。

（错例 8）

二、应用题

1. 糖尿病的发生不仅与激素调节、神经调节有关，我国医学家早就观察到，消渴症患者的尿液是甜的。古人所说的消渴症主要是指现代医学中的糖尿病，也与血糖代谢异常有关。下图显示了一个健康人和Ⅱ型糖尿病患者在饮用葡萄糖溶液后，血糖浓度的变化情况。

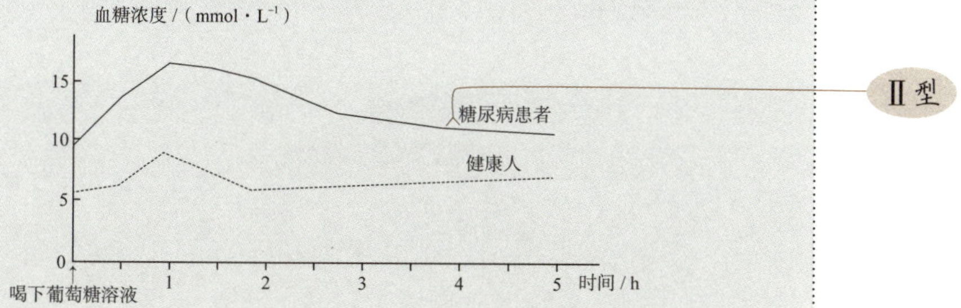

错因分析： 图表的条件表述与题目的文字表述不一致。

（错例 9）

错因分析： 本图表现我国政府引导、助力企业转型，实现低碳经济发展，但图片中出现美元符号，与该图所述大背景相违背。

修改建议： 美元符号改为人民币符号。

（错例 10）

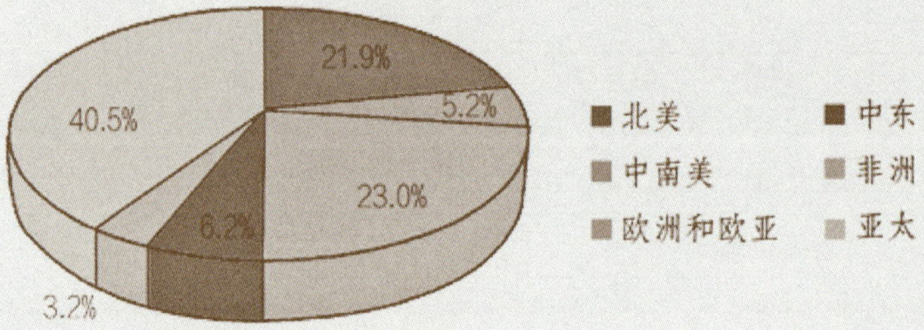

错因分析： 饼状图地区划分混乱。

修改建议： 按同一层级划分地区，且互不重叠。

二、教辅图书答案差错

（错例 1）

5. 火星和木星沿各自的椭圆轨道绕太阳运行，根据开普勒行星运动定律可知（　　）

A. 太阳位于木星运动轨道的中心

B. 火星和木星绕太阳运行速度的大小始终相等

C. 火星与木星公转周期之比的二次方等于它们的轨道半长轴之比的三次方

D. 相同时间内，火星与太阳连线扫过的面积等于木星与太阳连线扫过的面积

5. C　**解析**　太阳位于木星运动轨道的一个焦点上，A 错误；不同的行星对应不同的运行轨道，运行速度大小也不相同，B 错误；同一行星与太阳连线在相等时间内扫过的面积才能相同，D 错误；由开普勒第三定律得 $\frac{a_{火}^{3}}{T_{火}^{2}}=\frac{a_{木}^{3}}{T_{木}^{2}}$，故 $\frac{T_{火}^{2}}{T_{火}^{2}}=\frac{a_{火}^{3}}{T_{木}^{3}}$，C 正确。

木

a

错因分析： 在物理教辅图书中，公式非常常见。在公式中，不同的物理量用不同的字母来表示；对不同的研究对象，又往往用不同的下标来区分。本案例中，由公式 $\frac{a_{火}^{3}}{T_{火}^{2}}=\frac{a_{木}^{3}}{T_{木}^{2}}$，应该推导出 $\frac{T_{火}^{2}}{T_{木}^{2}}=\frac{a_{火}^{3}}{a_{木}^{3}}$，其中 T 表示公转周期，a 表示轨道半长轴长度，而案例中公式的部分下标和符号出现了错误。

（错例 2）

题组训练

1. 设向量 $\boldsymbol{a}=(4,-3)$，$\boldsymbol{b}=(2,1)$. 若 $\boldsymbol{a}+t\boldsymbol{b}$ 与 $\boldsymbol{b}$ 的夹角为 45°，则 $t=$ ________.

训练 1. 1 **提示** $\boldsymbol{a}+t\boldsymbol{b}=(4+2t, t-3)$，由 $\boldsymbol{a}+t\boldsymbol{b}$ 与 $\boldsymbol{b}$ 的夹角为 45°，得 $2(4+2t)+(t-3)=\sqrt{(4+2t^2)+(t-3)^2}\cdot\sqrt{5}\cdot\frac{\sqrt{2}}{2}$，化简得 $t^2+2t-3=0$，解得 $t=-3$ 或 $t=1$. 又因为 $(\boldsymbol{a}+t\boldsymbol{b})\cdot\boldsymbol{b}>0$，即 $2(4+2t)+(t-3)>0$，所以 $t>-1$，故 $t=1$.

$(4+2t)^2$

错因分析： 在数学、物理等科目的教辅图书中，幂的运算非常常见。如果指数位置改变了，那么幂的底数就改变了，运算式的含义就改变了。案例中这道题目在求解 t 时，利用了向量的数量积，即 $(\boldsymbol{a}+t\boldsymbol{b})\cdot\boldsymbol{b}=|\boldsymbol{a}+t\boldsymbol{b}||\boldsymbol{b}|\cos45°$，其中 $|\boldsymbol{a}+t\boldsymbol{b}|$ 表示向量 $\boldsymbol{a}+t\boldsymbol{b}$ 的模，用 t 表示应该为 $\sqrt{(4+2t)^2+(t-3)^2}$。案例中将指数 2 移到了小括号里面，是错误的。

（错例 3）昆弥自将翎侯以下五万余骑，从西方入至右谷蠡庭，获单于父行及嫂居次，名王骑将以下三万九千人。

【参考译文】昆弥自行带领翎侯手下的五万多骑兵，从西方攻入右谷蠡庭，斩获匈奴单于的父亲和嫂子，俘虏王以下兵将三万九千人。

父辈、嫂子和女儿

错因分析： “父行”，父辈。“居次”，匈奴对单于女儿的称谓。本例译文翻译有误，错将“父行”翻译成“父亲”，也没有翻译出“居次”的意思。本句应当翻译为“擒获了单于的父辈、嫂子和女儿”。

（错例 4）对作品的分析不正确的一项是（　　）（2 分）

A. 孔子表示“吾与点也”，孟子提倡“依乎天理”，庄子重视“保民而王”，这些中华文化的重要理念，都是弥足珍贵的文化遗产。

B. 烛之武临危受命，游说秦君，他的说辞委婉曲折，面面俱到，步步深入，层层递进，句句打动对方，具有很强的感染力和说服力。

C.《战国策》长于记述辞令，叙事简洁，《史记》叙事详备，写人生动，选自这两部作品的《烛之武退秦师》《鸿门宴》对此都有充分体现。

D.《齐桓晋文之事》《庖丁解牛》《鸿门宴》中的“缘木求鱼”“踌躇满志”“目无全牛”“刎颈之交”等成为千古流传的成语。

参考答案： B

错因分析： 庄子提出“依乎天理”（《庖丁解牛》），孟子提出“保民而王”（《齐桓晋文之事》），选项 A 分析错误。《烛之武退秦师》出自《左传·僖公三十年》，并非《战国策》，选项 C 分析错误。“刎劲之交”出自《廉颇蔺相如列传》，并非《鸿门宴》，选项 D 分析错误。本题为单选题，要求选出不正确的一项，参考答案为 B，B 选项对作品的分析正确，与题目要求不符；选项 A、C、D 对作品的分析都不正确，无法进行单选，因此本题无正确答案。

修改建议： 仅设立一个不正确的选项。或将题目改为“对作品的分析正确的一项是（　　）”，则答案选 B 无误。

（错例 5） 8.（1）少孤　　答案：少年丧父

幼年

错因分析： 孤，指幼年死去父亲（《古汉语常用字字典》，商务印书馆 2016 年版）。“少年”与“幼年”词义有差别，本题答案解释有误。

（错例 6） “When you get home from school, go over your notes, review the important points...”可知放学后我们要做好温习和预习工作……

错因分析： review 作动词表示温习、复习。本例翻译不准确。preview 才是预习的意思。

（错例 7）

如图，有一张长方形铁皮，利用图中涂色部分刚好可以做一个圆柱形油桶（接头忽略不计）。求油桶的表面积。

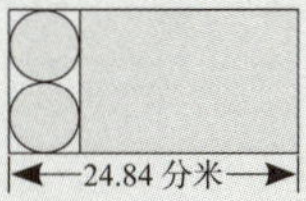

巧思妙解

从图中可以看出，涂色长方形做圆柱的侧面，两个涂色圆做圆柱的底面，涂色长方形的宽等于底面直径的 2 倍（不等于底面周长），所以涂色长方形的长等于底面直径。24.84 分米是底面直径与底面周长的和，也就是底面直径的 $\pi+1=4.14$ 倍，所以底面直径是 $24.84\div4.14=6$（分米）。圆柱形油桶的表面积是 $6\pi\times(6\times2)+\pi\times(6\div2)^2\times2=282.6$（平方分米）。

周长

错因分析：在教辅图书中，术语的使用很常见，编辑在加工稿件时应注意上下文逻辑，检查术语的使用是否正确。在这个案例中，“周长”误写作了“直径”。

这道题目考查了圆柱体的特点，一个圆柱体的侧面展开为长方形，两个底面为圆形。其中，此长方形必有一条边的长度等于底面圆形的周长；另外一条边的长度则等于圆柱体的高，与底面圆形的各项参数不相关。

观察图中涂色长方形与圆形的关系，可以得出“宽 = 2 × 底面直径”，所以宽不等于底面周长。那么，涂色长方形的长就必须等于“底面周长”，而不是“底面直径”。并且下一句话中“24.84 分米是底面直径与底面周长的和”，也说明涂色长方形的长是底面周长。

三、公式差错

（错例 1）

（2）电子在 $n=4$ 轨道上运动的动能.（已知能量关系 $E_n=\frac{1}{n^2}E_1$，半径关系 $r_n=n^2r_1$，$k=9.0\times10^9\ \mathrm{N\cdot m^2/C^2}$，$e=1.6\times10^{19}\mathrm{C}$）

−19

错因分析：指数错误，缺少负号，单位电荷量 $e=1.6\times10^{-19}\mathrm{C}$。

（错例 2）

题组训练

1. 在△*ABC* 中，若$\frac{\tan A}{\sin B}=\frac{a^2}{b^2}$，则△*ABC* 的形状是__________.

tan

答案：等腰三角形或直角三角形。

错因分析： 在教辅图书中，答案与题目的条件应相符合。在这个案例中，原有条件推导不出给出的答案。

具体来说，根据正弦定理$\frac{\sin A}{\sin B}=\frac{a}{b}$，题目中条件$\frac{\tan A}{\sin B}=\frac{a^2}{b^2}$可以转化为$\frac{\sin^2 A}{\sin^2 B}=\frac{\tan A}{\sin B}=\frac{\sin A}{\sin B}\cdot\frac{1}{\cos A}$，化简得到 $\sin A\cos A=\sin B$。根据倍角公式，可以得出$\frac{1}{2}\sin 2A=\sin B$。可以看出，此条件并不能推导出"等腰三角形或直角三角形"的答案。

如果将条件中的 $\sin B$ 改为 $\tan B$，则 $\frac{\sin^2 A}{\sin^2 B}=\frac{\tan A}{\tan B}=\frac{\sin A}{\sin B}\cdot\frac{\cos B}{\cos A}$，$\sin A\cos A=\sin B\cos B$，所以 $\sin 2A=\sin 2B$。因为 $0<A<\pi$，$0<B<\pi$，$0<A+B<\pi$，根据正弦函数的曲线，可以得出 $2A=2B$ 或 $2A+2B=\pi$，即 $A=B$ 或 $A+B=\frac{\pi}{2}$。所以△*ABC* 为等腰三角形或者直角三角形。这样题目条件才与答案相符。案例中题目的条件错误。

（错例 3）

3. 在△*ABC* 中，$B=30°$，$AC=10°$，*D* 是 *AB* 边上的一点，$CD=2\sqrt{5}$，若∠*ACD* 为锐角，△*ACD* 的面积为 20，则 *BC* 的长为（　　）

A. $2\sqrt{5}$　　B. $3\sqrt{5}$　　C. $4\sqrt{5}$　　D. $6\sqrt{5}$

错因分析：“°”为角的单位，不能用来度量长度。AC 为△ABC 的一条边，案例中错用了单位“°”来表示其长度。

（错例 4）$\overrightarrow{BC}(\overrightarrow{BA}+\overrightarrow{CA})$

·

错因分析：数学教辅图书有时会涉及向量。向量不仅有大小，而且有方向，所以在符号表示、运算法则等方面都和标量不一样。$\boldsymbol{a}\cdot\boldsymbol{b}$ 表示向量的数量积，是向量间的一种运算。两个向量的数量积与两个标量的相乘不同，其中的“·”符号不能省略。案例中$\overrightarrow{BC}$、$(\overrightarrow{BA}+\overrightarrow{CA})$都是向量，它们之间应是数量积运算，缺失“·”符号是错误的。

（错例 5）$B\{x|x<2\}$

=

错因分析：B 是一个集合，$B=\{x|x<2\}$ 是对集合 B 进行定义，案例中缺失等号是错误的。

（错例 6）

（3）高级脂肪酸与甘油形成油脂，如：

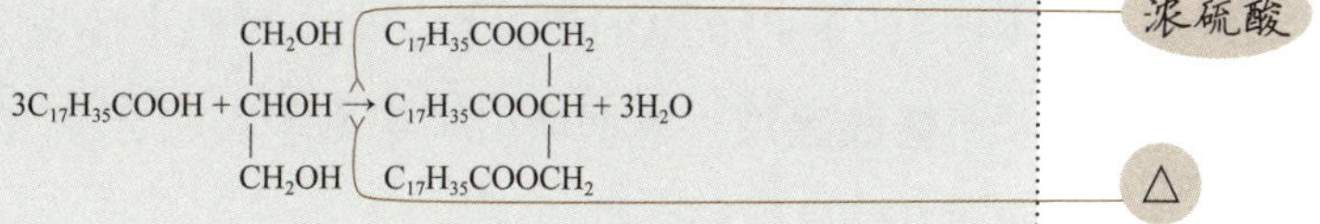

错因分析：化学式缺少反应条件。

四、体例格式差错

（错例 1）

编委会成员（以姓氏笔划为序）

画

王正伟（清华大学，教授）

王福军（中国农业大学，长江学者特聘教授）

刘小兵（西华大学，教授 / 副校长）
李仁年（兰州理工大学，教授 / 副校长）
张德胜（江苏大学流体机械工程技术研究中心，研究员 / 党委书记）
罗兴锜（西安理工大学，教授）
席　光（西安交通大学，教授 / 副校长）
袁建平（江苏大学流体机械工程技术研究中心，研究员 / 主任）

错因分析：编委会成员顺序颠倒。另“笔划”应为“笔画”。

（错例 2）

孙葆洁．奥运会志愿者活动的历史回顾及其对北京奥运会的启示［J］．理论界，2005，12

错因分析：参考文献格式不准确。《信息与文献　参考文献著录规则》（GB/T 7714—2015）中规定，连续出版物中的析出文献著录格式为：“析出文献主要责任者．析出文献题名［文献类型标识 / 文献载体标识］．连续出版物题名：其他题名信息，年，卷（期）：页码［引用日期］．”。本例中，析出文献的年、卷、期、页码未按规定格式著录。

修改建议：根据前引《规则》8.8.2 示例 3，在年和期后面补上所在页码和结尾处标识符号。

（错例 3）

参考文献

［1］［5］赵祥麟，王承绪．杜威教育论著选［M］．上海：华东师范大学出版社，1981.

［2］约翰・杜威．经验与自然［M］．傅统先，译．北京：商务印书馆，1960.

［3］约翰・杜威．艺术即经验［M］．高建平，译．北京：商务印书馆，2010.

［4］约翰・杜威．哲学的改造［M］．许崇清，译．北京：商务印书馆，2002.

［7］John Dewey. The Later Works, Vol. 2. Southern Illinois University Press, 1984. 转引自张梅．杜威的经验概念［D］．复旦大学，2008.

［8］德雷克，等．批判的实在论论文集［M］．郑之骧，译．北京：商务印书馆，1979.

［6］［9］［10］［11］［12］［13］［14］杜威．艺术即经验［M］．高建平，译．北京：商务印书馆，2010.

错因分析： 对于参考文献表，《信息与文献　参考文献著录规则》（GB/T 7714—2015）提出：“参考文献表可以按顺序编码制组织，也可以按著者–出版年制组织。”本例中的参考文献是按照顺序编码制组织的，也就是各篇文献按正文部分标注的序号依次列出。关于顺序编码制，《规则》规定：“多次引用同一著者的同一文献时，在正文中标注首次引用的文献序号……”也就是说，同一著者的同一文献在参考文献表中只分配一个序号即可，不用分配多个序号。在本例中，个别同一著者的同一文献对应了多个序号，应将多余的序号删除，重新按顺序编码，正文中的标注也应对应修改。

（错例 4）

厚韩魏以摈秦，此即苏秦说赵之说也。子由窥破此旨而畅言之，觉天下大势确不可易。老泉论其弊，子由论其势。（摘自沈德潜《唐宋八家文读本》卷二十五）

#

老泉（指苏洵）论六国之弊在赂秦，盖借以规宋也，故其言激切而淋漓。颍滨（指苏辙）论天下之势在韩魏，直设身处地为六国谋矣，故其言笃实而明著。两作未易议优劣也。

（摘自储欣《唐宋十大家全集录·栾城先生全集录》）

苏文定公（苏辙）之文，其巉削之思或不如父，雄杰之气或不如兄，然而冲和淡泊，遒逸疏宕，大者万言，小者千余言，譬之片帆截海，澄波不扬，而洲岛之棼错，云霞之蔽亏，日星之闪烁，鱼龙之出没，并席之掌上，而绰约不穷者已，西汉以来别调也。

（摘自茅坤《苏文定公文钞引》）

错因分析： 格式不统一，第一段出处应另起一行右对齐。

（错例 5）

他们每天从早上 7:30 工作到晚上 20:00。 8:00

错因分析： 时间格式错误。

（错例 6）

错因分析： 数字用法不统一，汉字、阿拉伯数字混用。

修改建议： 两处“二十三”改为“23”。

（错例 7）

阿房舞殿翻罗袖，金谷名园起玉楼②，隋堤古柳缆龙舟。不堪回首，东风还又，野花开暮春时候。

【注】② 金谷名园：西晋富豪石崇在洛阳建金谷园以行乐。

错因分析： 注释角标位置错误。

（错例 8）

书　　名	小学生几何知识漫画图解
作　　者	《小学生几何知识漫画图解》编写组编
责任编辑	××× ××× ×××
装帧设计	×××

错因分析： 版本记录信息中应写明作者名称，但不必加“编”或“编著”字样。

五、标点符号差错

（错例 1）清末民初是语文学科独立设科的阶段；20 世纪 20 年代，是语文学科体系始建阶段；30—40 年代，是语文学科孜孜探索的阶段；1949—1966 年是语文学科更新发展阶段；1966—1976 年，文革十年，停滞不前；1976 年—21 世纪初是改革创新阶段。本卷对各阶段的特点、重大事件、基本规律作了详尽的阐述。

“ ”

错因分析：引号有“标示语段中具有特殊含义而需要特别指出的成分”的用法，“文化大革命”是名称违背事实的运动，无论其全称还是简称（“文革”）均要加引号。

（错例 2）63. 平衡坚守与开放

“齐世有席毗者，清干之士，官至行台、尚书，嗤鄙文学，嘲刘逖云：‘君辈辞藻，譬若荣华，须臾之玩，非宏才也；岂比吾徒千丈松树，常有风霜，不可凋悴矣！’刘应之曰：‘既有寒木，又发春华，何如也？’席笑曰：‘可哉！’”

——颜之推《颜氏家训·文章》

错因分析：南北朝时期，行台尚书为北魏所设行台的长官，北魏末期一度为行台属官。东魏、北齐、隋、唐初沿置，唐高祖武德九年（626）罢。此例中专名不得用顿号隔开。

（错例 3）我们开展了《我是如何分类的？》这一活动，引导孩子们在数学区对物体进行分类。

“

”

错因分析：《标点符号用法的补充规则》A.13.1 规定：“不能视为作品的课程、课题、奖品奖状、商标、证照、组织机构、会议、活动等名称，不应用书名号。”本例中“我是如何分类的？”为活动名，不应使用书名号，而应使用引号。

（错例 4）1949 年新中国成立后，共产党人始终不忘“为中国人民谋幸福、为中华民族谋复兴”的初心和使命，坚持走中国特色社会主义发展道路，国防建设、经济建设取得了令世界瞩目的成就，我们迎来了香港、澳门回归；迎回了多件流失在国外的国宝。没有祖国的强大，这些都不可能实现。

，

错因分析：分号为句内点号的一种，表示复句内部并列关系分句之间的停顿，以及非并列关系的多重复句中第一层分句（主要是选择、转折等关系）之间的停顿。本例中，“迎回了……国宝”，只与“我们迎来了……回归”这一分句并列，而不与“1949 年……回归”这一整体并列，它们之间不能用分号隔开，而应使用逗号。

（错例 5）志愿者招募工作的步骤主要分为以下几个部分：首先是志愿者的数量预算，确定合格候选人的来源，为后期工作的高效开展输送人才；其次是选择适当的招募方法以控制招募成本。在适当的资金、人力等因素的承受范围内加大招募宣传力度，提高招募效率和效果；再次是所招募的岗位介绍，向应征的志愿者说明岗位的工作范围和特点，宣传志愿服务工作的基本理念，使志愿者更加清晰地面对志愿服务工作岗位；最后是志愿者的待遇激励。

，

错因分析：《标点符号用法的补充规则》A.5 规定：“分项列举的各项有一项或多项已包含句号时，各项的末尾不能再用分号。”本例中，“其次……”项内使用了句号，结尾处又使用了分号，出现了小包大的情况。应将“其次……”项内的句号改为逗号。

（错例 6）（6）＿＿＿＿＿＿，西出阳关无故人？（王维《送元二使安西》）

。

错因分析： 部编版《语文》六年级下册收录此诗，“西出阳关无故人”后为句号。原句并非疑问句。

（错例 7）现在，每次回老家，我都会给爷爷讲故事，我们的历史学到哪儿，我就讲到哪儿。爷爷每次听得都很认真，就像我小时候听他给我讲故事一样。从李大钊讲到毛泽东，从红船讲到天安门广场，从“一五计划”讲到改革开放，从“东方红一号”讲到北斗卫星……爷爷会说时代发展得好快，我会说是共产党在带领我们前进。

错因分析： “一五”计划指第一个五年计划，引号应加在缩写的“一五”上。我国从 1953 年开始制定第一个五年计划，需要注意的是，从 2006 年“十一五”起，“五年计划”改为“五年规划”。

（错例 8）请看一则日记：“记得我在怀孕八九个月的时候曾经对老公说，如果我在生小孩的时候有什么意外，医生问他保哪一个时，他一定要说保小孩。呵呵，当时老公笑笑说：“不，我要保大人，还要保小孩。””

‘

’

错因分析： 引号错误，双引号中的引文应该用单引号。

（错例 9）1. 甲状腺激素：

（1）甲状腺激素是哪一种内分泌腺分泌的？

方案一：出示人体内分泌系统的挂图，结合教材内容引导学生总结。

错因分析： 冒号多余，独立成行的小标题后不加标点符号。

，
？

（错例 10）“我看这里边另有文章！你说呢？小余。”

错因分析： 问号用于句子末尾，表示疑问语气。本例中“你说呢？小余。”是倒装句，问号应该用在句末。不能看到语气词“呢”，就把问号放在其后。此种问话，不论是先呼名还是先问话，问号都要放在句末。

（错例 11） 钾离子电池的主要电解质（六氟磷酸钾，KPF_6）比相应的钠盐（六氟磷酸钠，（$NaPF_6$）更便宜。

错因分析： 括号多余。

（错例 12） 学校曾经在 2014 年 9 月和 2015 年 9 月分别对高一新生进行了兴趣方向的调查，结果显示，两届新生把艺术和设计作为兴趣方向的比例都是最高的，分别高达 32% 和 36%。选择工程·实验的相对较低，分别为 18% 和 14%。

错因分析：《标点符号用法》（GB/T 15834—2011）规定，间隔号标示某些相关联成分之间的分界。根据下文“分别为 18% 和 14%”可知，“工程”“实验”为并列关系，二者并不关联。

修改建议： 应当改为“工程和实验”，或将间隔号改为顿号。

（编写：陈彦理）

附录：易错词语及非推荐词形汇总*

附表 1　2020 年度易错词语及非推荐词形前一百名

序号	错误或非推荐	校对结果	序号	错误或非推荐	校对结果
1	疫情爆发	疫情暴发	16	亦或	抑或
2	披萨	比萨	17	粘稠	黏稠
3	啰嗦	啰唆	18	匮赠	馈赠
4	扳手腕	掰手腕	19	配戴	佩戴
5	水份	水分	20	致胜	制胜
6	谋利 **	牟利	21	外型	外形
7	粘性	黏性	22	辨解	辩解
8	做为	作为	23	帐号	账号
9	综合症	综合征	24	机率	概率
10	份量	分量	25	延用	沿用
11	共度难关	共渡难关	26	帐户	账户
12	懵了	蒙了	27	彷佛	仿佛
13	极速	急速	28	安蔚	安慰
14	桔子	橘子	29	脚趾甲	脚指甲
15	带口罩	戴口罩	30	笑咪咪	笑眯眯

* 资料来源：江苏凤凰报刊出版传媒有限公司凤凰智能校对系统。非推荐词形判定主要以《现代汉语词典》（第 7 版）为依据。

** “谋利”本身作“谋取利益”解时自成词条，这里归为错误，是指在特定上下文中的意思或情感色彩等的误用。类似情形不再一一说明。

（续表）

序号	错误或非推荐	校对结果	序号	错误或非推荐	校对结果
31	卯足了劲	铆足了劲	56	恢弘	恢宏
32	戮力同心	勠力同心	57	挖墙角	挖墙脚
33	毅然绝然	毅然决然	58	隔三差五	隔三岔五
34	颠狂	癫狂	59	佐料	作料
35	身分	身份	60	惟一	唯一
36	时侯	时候	61	银元	银圆
37	签定	签订	62	混蛋	浑蛋
38	栋梁之才	栋梁之材	63	高材生	高才生
39	按扭	按钮	64	大坂	大阪
40	座垫	坐垫	65	沙粒	沙砾
41	摹仿	模仿	66	阻击	狙击
42	串连	串联	67	原由	缘由
43	刻划	刻画	68	心肌梗塞	心肌梗死
44	好象	好像	69	折衷	折中
45	固步自封	故步自封	70	拉拉队	啦啦队
46	不知所踪	不知所终	71	攀援	攀缘
47	委曲	委屈	72	杨桃	阳桃
48	亚州	亚洲	73	污蔑	诬蔑
49	仿徨	彷徨	74	茨菰	慈姑
50	秘笈	秘籍	75	枝桠	枝丫
51	德性	德行	76	己经	已经
52	版型	板型	77	余辉	余晖
53	赠与	赠予	78	架式	架势
54	详实	翔实	79	座落	坐落
55	执著	执着	80	树阴	树荫

（续表）

序号	错误或非推荐	校对结果	序号	错误或非推荐	校对结果
81	鱼网	渔网	91	礼义之邦	礼仪之邦
82	凝炼	凝练	92	选萃	选粹
83	砂砾	沙砾	93	记录片	纪录片
84	焦糊	焦煳	94	恶梦	噩梦
85	菠萝蜜	波罗蜜	95	颤栗	战栗
86	撤消	撤销	96	锻练	锻炼
87	彪悍	剽悍	97	飘泊	漂泊
88	喝斥	呵斥	98	张驰	张弛
89	亚马逊河	亚马孙河	99	光采	光彩
90	黄岗	黄冈	100	禁忌症	禁忌证

注：校对结果为正确用法或推荐用法。

附表 2　2021 年度易错词语及非推荐词形前一百名

序号	错误或非推荐	校对结果	序号	错误或非推荐	校对结果
1	几率	概率	9	亦或	抑或
2	干嘛	干吗	10	啰嗦	啰唆
3	冠脉	冠状动脉	11	粘性	黏性
4	其它	其他	12	禁忌症	禁忌证
5	联接	连接	13	披萨	比萨
6	帐号	账号	14	似地	似的
7	水气	水汽	15	隔三差五	隔三岔五
8	按扭	按钮	16	繁琐	烦琐

（续表）

序号	错误或非推荐	校对结果	序号	错误或非推荐	校对结果
17	闺蜜	闺密	42	惟有	唯有
18	一份子	一分子	43	涵义	含义
19	极速	急速	44	恢弘	恢宏
20	刻划	刻画	45	比划	比画
21	大姆指	大拇指	46	执著	执着
22	成份	成分	47	榴莲	榴梿
23	水份	水分	48	银元	银圆
24	思维定势	思维定式	49	坐位	座位
25	综合症	综合征	50	谋利	牟利
26	折衷	折中	51	德性	德行
27	证候	症候	52	版型	板型
28	懵了	蒙了	53	惟一	唯一
29	栋梁之才	栋梁之材	54	大坂	大阪
30	图象	图像	55	佐料	作料
31	桔子	橘子	56	高材生	高才生
32	精萃	精粹	57	攀援	攀缘
33	不曾想	不承想	58	不知所踪	不知所终
34	粘稠	黏稠	59	己经	已经
35	腊梅	蜡梅	60	粘液	黏液
36	鲶鱼	鲇鱼	61	记念	纪念
37	外型	外形	62	按纽	按钮
38	哈蜜瓜	哈密瓜	63	委曲	委屈
39	振做	振作	64	树阴	树荫
40	固步自封	故步自封	65	帐户	账户
41	磨练	磨炼	66	杨桃	阳桃

（续表）

序号	错误或非推荐	校对结果	序号	错误或非推荐	校对结果
67	鱼网	渔网	84	掉包	调包
68	余辉	余晖	85	蕴育	孕育
69	毛绒绒	毛茸茸	86	眩目	炫目
70	颤栗	战栗	87	丫环	丫鬟
71	繁冗	烦冗	88	慰籍	慰藉
72	度过难关	渡过难关	89	返照	反照
73	钮扣	纽扣	90	震憾	震撼
74	萤光	荧光	91	车箱	车厢
75	坐椅	座椅	92	过敏源	过敏原
76	戮力同心	勠力同心	93	神祗	神祇
77	义正辞严	义正词严	94	黏贴	粘贴
78	烦燥	烦躁	95	飘泊	漂泊
79	犹为	尤为	96	霎那	刹那
80	底限	底线	97	依仗	倚仗
81	安祥	安详	98	竹杆	竹竿
82	思辩	思辨	99	琅琅上口	朗朗上口
83	包谷	苞谷	100	荷泽	菏泽

注：校对结果为正确用法或推荐用法。

附表3　2022年度易错词语及非推荐词形前一百名

序号	错误或非推荐	校对结果	序号	错误或非推荐	校对结果
1	懵了	蒙了	3	叫做	叫作
2	其它	其他	4	当做	当作

（续表）

序号	错误或非推荐	校对结果	序号	错误或非推荐	校对结果
5	繁琐	烦琐	28	披萨	比萨
6	干嘛	干吗	29	不曾想	不承想
7	麦粒肿	睑腺炎	30	刻划	刻画
8	汇演	会演	31	粘性	黏性
9	帐号	账号	32	源动力	原动力
10	晃然大悟	恍然大悟	33	纹身	文身
11	海拨	海拔	34	成份	成分
12	闺蜜	闺密	35	桔子	橘子
13	榴莲	榴梿	36	隔三差五	隔三岔五
14	详实	翔实	37	敷洐	敷衍
15	几率	概率	38	执著	执着
16	恢弘	恢宏	39	慢阻肺	慢性阻塞性肺疾病
17	磨练	磨炼	40	心衰	心力衰竭
18	极速	急速	41	惟一	唯一
19	原故	缘故	42	似地	似的
20	疫情爆发	疫情暴发	43	粘稠	黏稠
21	比划	比画	44	栋梁之才	栋梁之材
22	腊梅	蜡梅	45	粘合	黏合
23	涵义	含义	46	法治宣传活动	法制宣传活动
24	不止是	不只是	47	亦或	抑或
25	光采	光彩	48	精萃	精粹
26	做为	作为	49	一份子	一分子
27	报导	报道	50	秘笈	秘籍

（续表）

序号	错误或非推荐	校对结果	序号	错误或非推荐	校对结果
51	滞涨	滞胀	76	粘膜	黏膜
52	份量	分量	77	劲道	筋道
53	以致于	以至于	78	鲶鱼	鲇鱼
54	啰嗦	啰唆	79	城乡结合部	城乡接合部
55	宵夜	消夜	80	想像力	想象力
56	不尽人意	不尽如人意	81	词章	辞章
57	历史周期律	历史周期率	82	您们	你们
58	攀援	攀缘	83	执守	值守
59	言词	言辞	84	思维定势	思维定式
60	靓丽风景	亮丽风景	85	配戴	佩戴
61	好象	好像	86	终身难忘	终生难忘
62	非盈利	非营利	87	文词	文辞
63	人材	人才	88	串连	串联
64	带口罩	戴口罩	89	枝桠	枝丫
65	纪述	记述	90	薪津	薪金
66	摹仿	模仿	91	祭日	忌日
67	固步自封	故步自封	92	菠萝蜜	波罗蜜
68	杨桃	阳桃	93	余辉	余晖
69	寒喧	寒暄	94	过敏源	过敏原
70	毛绒绒	毛茸茸	95	不知所踪	不知所终
71	鸿运	红运	96	发懵	发蒙
72	脚趾甲	脚指甲	97	致词	致辞
73	身分	身份	98	彬彬有理	彬彬有礼
74	高材生	高才生	99	冠脉	冠状动脉
75	铜元	铜圆	100	彷佛	仿佛

注：校对结果为正确用法或推荐用法。

附表 4　2023 年度易错词语及非推荐词形前一百名

序号	错误或非推荐	校对结果	序号	错误或非推荐	校对结果
1	其它	其他	26	知到	知道
2	图象	图像	27	粘膜	黏膜
3	作法	做法	28	城乡结合部	城乡接合部
4	少倾	少顷	29	藉此	借此
5	按扭	按钮	30	制做	制作
6	披萨	比萨	31	直升飞机	直升机
7	粘性	黏性	32	滞涨	滞胀
8	谋利	牟利	33	机率	概率
9	粘合	黏合	34	一但	一旦
10	碳化	炭化	35	不尽人意	不尽如人意
11	脚色	角色	36	彩红	彩虹
12	消防栓	消火栓	37	不知所踪	不知所终
13	中级法院	中级人民法院	38	金钢钻	金刚钻
14	刻划	刻画	39	砂砾	沙砾
15	思维定势	思维定式	40	反覆	反复
16	成份	成分	41	荼蘼	荼蘼
17	经不住	禁不住	42	粘稠	黏稠
18	懵了	蒙了	43	树阴	树荫
19	劲道	筋道	44	申张	伸张
20	证候	症候	45	视屏	视频
21	叉路口	岔路口	46	例举	列举
22	病证	病症	47	心肌梗塞	心肌梗死
23	一份子	一分子	48	帐号	账号
24	毛绒绒	毛茸茸	49	创口贴	创可贴
25	新能原	新能源	50	籍籍无名	寂寂无名

（续表）

序号	错误或非推荐	校对结果	序号	错误或非推荐	校对结果
51	播洒	播撒	76	霎那	刹那
52	高梁	高粱	77	恶梦	噩梦
53	部份	部分	78	时侯	时候
54	年青人	年轻人	79	颠狂	癫狂
55	杀手锏	撒手锏	80	神祗	神祇
56	彷佛	仿佛	81	发懵	发蒙
57	身分	身份	82	己经	已经
58	烟雾弹	烟幕弹	83	帐蓬	帐篷
59	精米	粳米	84	慧星	彗星
60	网路	网络	85	攀援	攀缘
61	迫不急待	迫不及待	86	花芯	花蕊
62	记念	纪念	87	笑咪咪	笑眯眯
63	粘人	黏人	88	帐户	账户
64	智惠	智慧	89	锻练	锻炼
65	座落	坐落	90	震憾	震撼
66	悠哉悠哉	优哉游哉	91	黄梁	黄粱
67	融合贯通	融会贯通	92	蕃茄	番茄
68	菜苔	菜薹	93	本帮菜	本邦菜
69	阻扰	阻挠	94	关健	关键
70	板机	扳机	95	致胜	制胜
71	戮力	勠力	96	眩目	炫目
72	形像	形象	97	低偿	抵偿
73	以致于	以至于	98	串连	串联
74	外型	外形	99	亚铃	哑铃
75	安祥	安详	100	卯足了劲	铆足了劲

注：校对结果为正确用法或推荐用法。

附表 5　2024 年度易错词语及非推荐词形前一百名

序号	错误或非推荐	校对结果	序号	错误或非推荐	校对结果
1	无需	无须	26	字型	字形
2	其它	其他	27	魏征	魏徵
3	图象	图像	28	消防栓	消火栓
4	叫做	叫作	29	经不住	禁不住
5	盖率	概率	30	鱼线	渔线
6	缘于	源于	31	披萨	比萨
7	划线	画线	32	一份子	一分子
8	证候	症候	33	折衷	折中
9	盛景	胜景	34	食草动物	草食动物
10	磨练	磨炼	35	成份	成分
11	粘接	黏结	36	包谷	苞谷
12	气缸	汽缸	37	自已	自己
13	碳化	炭化	38	啰嗦	啰唆
14	自已	自己	39	凝炼	凝练
15	心怡	心仪	40	鲶鱼	鲇鱼
16	病证	病症	41	砂砾	沙砾
17	按扭	按钮	42	份量	分量
18	给与	给予	43	粘住	黏住
19	水气	水汽	44	毛绒绒	毛茸茸
20	粘性	黏性	45	峨嵋	峨眉
21	表证	表征	46	退变	蜕变
22	粘合	黏合	47	骨格	骨骼
23	叉路口	岔路口	48	反覆	反复
24	部份	部分	49	串连	串联
25	架式	架势	50	喻意	喻义

（续表）

序号	错误或非推荐	校对结果	序号	错误或非推荐	校对结果
51	劲道	筋道	76	为人处事	为人处世
52	懵了	蒙了	77	直升飞机	直升机
53	法制化	法治化	78	鸡枞	鸡㙡
54	偕同	协同	79	烦燥	烦躁
55	原由	缘由	80	青萍	青苹
56	人材	人才	81	形像	形象
57	张驰	张弛	82	调零	凋零
58	词藻	辞藻	83	孳生	滋生
59	发见	发现	84	不知所踪	不知所终
60	畜牲	畜生	85	感观	感官
61	武工	武功	86	序论	绪论
62	帐户	账户	87	洪大	宏大
63	压题	押题	88	余辉	余晖
64	高材生	高才生	89	树阴	树荫
65	制做	制作	90	拉拉队	啦啦队
66	门坎	门槛	91	时侯	时候
67	定购	订购	92	彷佛	仿佛
68	鱼网	渔网	93	闲雅	娴雅
69	变型	变形	94	新能原	新能源
70	迫不急待	迫不及待	95	年青人	年轻人
71	瀨痢	瘌痢	96	打战	打仗
72	难捱	难挨	97	坐椅	座椅
73	词赋	辞赋	98	犹为	尤为
74	部局	布局	99	好象	好像
75	飘渺	缥缈	100	本帮菜	本邦菜

注：校对结果为正确用法或推荐用法。

后　记

《错例与规范：出版物校审实务手册》历经各方一年多的努力，终于要与读者见面了。本书着眼于规范性、实用性，力图成为出版工作者，尤其是编辑、校对、审读人员的案头之书，成为他们真正的得力助手。全书分为两大板块，即“规范篇”和“错例篇”。规范是标杆和灯塔，是指引实务的方向，也是规约实务的准绳；错例则是教训和镜鉴，直接来自实务。两者相辅相成，殊途同归。

“规范篇”所收录的，不仅有图书和报刊的质量管理规定以及编校差错判定和计算方法，还有资深专家的解读文章，让我们能更好地理解规范、运用规范。此外还收录了编辑与出版学重要术语的权威释义，它们能帮助我们科学地认识编辑和出版工作。“错例篇”所收录的错例，全面涵盖了几大重要出版门类，经过编写者广泛辑集、精心遴选，都是日常工作中出现频率高、具有典型性的例子，希望能引起广大同仁的警惕。

“错例篇”的编写者，均为凤凰传媒旗下各出版单位校审方面的骨干，具体名单为（以错例在书中出现的先后顺序排列）：沈燕燕（科学技术类差错）、赵媛（人文社科类差错）、梁健（英语翻译类差错）、胡兴曼（文学艺术类差错）、李相东（古籍文献类差错）、凌箐箐（绘画美术类差错）、陆发祥（少儿幼教类差错）、陈彦理（教育综合类差错）。

本书得以顺利出版，还要特别感谢全国科学技术名词审定委员会提供了“编辑与出版学术语释义”部分的全部词条并惠允使用。此外，凤凰传媒总编辑徐海在出版过程中给予了关心指导，凤凰传媒副总经理袁楠一直大力支持，凤凰传媒出版部原主任樊明（现江苏凤凰教育出版社社长）推动落实了立项工作，凤凰传媒出版部张亮、陈爱芳承担了出版过程中的沟通协调工作，译林出版社胡兴曼承担了整个项目的统筹工作。质检专家、编审侯文富通读书稿，并提出了修改建议，凤凰传媒杨嘉庚、王文涛、田宏碧、韩继坤、徐念一、胡兴曼、李慧颖诸位分别就“错例篇”相应板块提出了修改建议。在此一并致谢。

凤凰传媒编委会

2025 年 2 月